고객 가치 창조의 원리

# 가치학

# 서 문

2000년 〈포춘〉이 선정한 500대 기업 중 52%가 오늘날 역사의 뒤안길로 사라졌다. 사라진 기업들은 파산하거나 실적이 더 좋은 회사들에게 인수합병되었다. 경쟁과 혁신으로 세상이 빠르게 변화하는 동안 기업은 생존하기 위해 뭘 해야 할까? 이 책에서는 기업의 성공과 실패를 가르는 기준 중 가장 중요한 고객 가치에 관해 이야기하고자 한다.

기업은 차별화된 가치를 제안하지 못하면 사라지게 된다. 또한 영업, 마케팅, 고객 간의 연결된 정렬이 이루어지지 않으면 망할 수 밖에 없다. 밥 가렛은 그의 도서 〈물고기는 머리부터 썩는다〉에서 기업이 시장과 고객을 이해하지 못하는 것은 죽은 것과 다름없다고 섬뜩하게 표현하고 있다.

기업은 생존을 위해 고객 가치 창출로 다시 돌아가야 한다. 우리는 지난 20년 동안 세일즈와 마케팅이 서로 협력하여 고객 가치를 이해하면서 성공을 거둔 사례를 많이 보았다.

마케팅 부서는 콘텐츠 마케팅 시대를 맞아 어느 때보다도 더 많은 콘텐츠를 생산하고 있다. 하지만 고객은 불필요하고 관련성 없는 메일을 폭격 맞듯 받고 있다. 콘텐츠를 생산하는 많은 기업은 소음만 내고 있을 뿐 정작 고객의 공감을 얻지 못하는 경우가 부지기수다. 실제 CEB Corporate Executive Board 연구에 따르면, 잠재고객의 94%는 기업이 제공하는 콘텐츠에 주목하지 않는다고 밝혔다. 효과가 없음에도 마케터들은 관련 없는 메시지와 도구를 만드는 데 수백만 달러를 낭비하고 있다.

아이러니하게도 이런 현상은 어느 때보다 우수한 마케팅 콘텐츠를 생산해야 하는 시점에 일어나고 있다. 현재 잠재적 소비자의 67%는 영업사원에게 연락하기 전, 이미 온라인으로 제품, 회사 정보, 솔루션 등을 명확히 파악하고 있다. 또 CEB 연구에 따르면 B2B 구매자는 영업사원에게 연락하기 전에 판매 과정의 60%를 미리 파악한 후 영업사원을 접촉한다.

고객의 구매 결정 방식도 변하고 있다. 지난 2008년 글로벌 금융위기 이후 많은 기업은 불안한 경제 상황때문에 기업의 존립이 위태로울 수 있다는 것을 실감했다. 그 결과 기업은 예산집행과 구매 결정에 더욱 신중해졌다. 구매에서도 보수적인 의사결정을 부추겼다. 더 많은 부서의 담당자들이 의사결정에 참여하고 있으며, 과거처럼 핵심적인 한 명이 의사결정할 가능성은 작다. CEB 연구에 따르면 평균적으로 5.4명이 구매 의사결정에 관여한다.

큐비디안의 〈영업 실행 동향 2014〉에 따르면 실질적인 고객 가치를 창출하지 못하고 있기 때문에 거래 제안의 58%가 구매까지 연결되지 않는다. 이것은 고객의 당면과제 해결을 위한 고객 가치 제안이 필수라는 것을 의미한다.

CEB 연구에 따르면 경영진의 91%는 마케팅 콘텐츠가 고객과 관련성이 높고, 통찰력을 제공할 수 있다면 더 많은 투자를 하겠다고 밝혔다. 애버딘 그룹은 온라인을 활용해 고객을 더 많이 이해한 기업이 21% 이상 더 성장했음을 보여주었다. 영국 크랜필드 경영대학원 말콤 맥도널드교수의 연구에 따르면 고객 가치-주도 접근 방식을 적용하면 최소 10%의 매출 성장을 달성할 수 있다. 고객 가치를 활용하여 고객의 공감을 끌어낼 수 없다면 결국 가격을 떨어뜨리게 된다. 5%의 가격 하락은 일반적으로 16%의 수익성 하락으로 이어진다.

다른 책들과 비교했을 때 이 책이 무엇이 다르고, 더 나은지를 궁금해할 것이다. 일부 사람들은 대중으로부터 아이디어를 얻는 크라우드 스토밍

Crowd storming으로 고객 가치 제안을 시작해보라고 한다. 그러나 이 방법은 여러 아이디어를 쏟아내는 정도이다. 고객 가치를 제대로 이해하고, 조직 내부에 고객 가치 제안을 도입해서 고객, 마케팅, 세일즈 3자 간 정렬까지 끌어내는 구체적 방법은 고려하지는 않았다.

그래서 이 책에서는 고객, 마케팅, 세일즈 간 서로를 이해하고 협력해 객관적인 분석과 창의적인 통찰력을 혼합하는 것을 가치학Value-ology[1]이라고 지칭한다. 이 책은 어떻게로 뛰어들기 전에 무엇과 왜를 이해하고자 하는 실무자를 위한 책이다. 우리는 사람들이 가치를 서로 다르게 인식하고 해석한다는 것을 알고 있다.

이 책은 실제 비즈니스 전문가와 기업들로부터 좋은 평판을 얻은 CEB 보고서, 학술논문, 경영 전문 단행본 등 신뢰할 수 있는 연구물을 기반으로 분석하였다. 저자들은 수십 개 업종, 다양한 규모의 많은 마케팅팀 및 영업팀과 협력하고 있다. 또한 전 세계 200여 명의 마케팅 및 영업 고위 임원들을 대상으로 설문 조사를 실시했고, 많은 의견도 수렴했다.

이 책은 고객 가치 실현을 위해 실무에서 필요한 방법에 대한 프레임워크와 구체적인 실행 방법을 제공한다. 이를 통해 전체 마케팅과 세일즈 가치 사슬에서 가치를 창출하고, 기존 고객을 유지 및 성장시키고, 신규 고객을 확보하며, 향후 구매에 대한 가치를 지속해서 창출할 수 있다. 이를 통해 기업이 생산하는 마케팅 콘텐츠 및 세일즈 현장과의 대화를 통해 매출을 올릴 방법을 가르쳐 줄 것이다. 이후 우리가 직접 수행한 세 가지 독창적인 연구를 가미하여 인사이트를 제공하고자 노력했다.

각 장에서는 비즈니스에 '고객 가치-주도 접근 방식'을 추진하고 가치학

1 고객 가치를 발견하기 위한 객관적 분석부터 활용하기 위한 창의적 통찰력, 고객의 반향을 불러일으키는 가치 제안의 개발, 효과적인 영업과 마케팅, 일관된 실행 및 피드백 메커니즘의 결합이자 고객 가치 실현을 위한 노력이다.

을 개발하는 데 도움이 되는 개념 및 문제들을 소개한다. 많은 데이터와 통찰력을 제공함으로써 비즈니스 성공에 도움이 될 것이다.

기업이 빠르게 성장하기 위해서는 세일즈와 마케팅이 서로 성장하고 협력해야 한다. 그러나 세일즈 부서와 마케팅 부서가 고객 가치를 개발하면서 겪는 문제들은 종종 무시되었다. 이 책에서는 양자 간 문제가 무엇인지 파악하고 세일즈와 마케팅이 가장 중요한 이해관계자인 고객과 연계될 수 있는 길을 모색한다. 이들은 고객의 니즈, 욕구, 동기, 고충을 진정으로 이해하기 위해 협력해야 하며, 설득력 있는 가치를 제공할 수 있어야 한다. 가치 제안 개발을 다룬 장에서는 효과적인 캠페인 및 커뮤니케이션 실행에 대한 다양한 방법론을 제공한다.

가치학은 사람들과 조직들이 같은 대상에 대해 각자의 방식으로 접근한다는 것을 알려준다. 그래서 이 책에서는 가치 기반 접근 방식을 통해 가치를 탐색하고, 소통하고, 동기를 부여하도록 도울 것이다.

가치학에 대한 여러분의 탐구에 행운을 빈다.

# 감사의 글

이 책을 집필하는 동안 아낌없는 지원과 의견 및 아이디어를 주신 모든 분께 감사의 말씀을 드립니다. 여러분의 이야기는 우리에게 영감을 주었고 이 책이 나오는 데 도움이 되었습니다.

산업에 관한 좋은 연구 결과를 발표해 주신 훌륭한 연구자들께 감사드립니다. 수년간 우리를 안내하고 동기를 유발한 뛰어난 마케팅 및 영업 리더들에게, 그리고 우리가 글을 쓰도록 자극한 작가들에게도 감사의 말씀을 드립니다. 무엇보다도 집필 과정 동안 아낌없는 격려와 이해를 해준 배우자와 가족에게 진심으로 감사드립니다.

마지막으로 새로운 개념과 접근 방식을 배우고자 하는 학생들에게 경의를 표합니다.

# 들어가며

가치학: 수익성 있는 고객 가치를 형성하고 제공하기 위한 세일즈 및 마케팅 등 일련의 활동을 일컫는 이론

"영업 상담과 마케팅 채널을 통해 전달되는 고객 가치 제안을 이해하고, 개발하고, 명확하게 표현할 수 있는 독특한 통찰력. 영업과 마케팅을 통해 고객 가치를 창출하는 것은 좋은 결과를 만들 수 있습니다. 저는 그것을 보증할 수 있습니다."

레벨3 커뮤니케이션 대표 앤드루 크라우치

"고객을 더 잘 이해할수록 더 명확해집니다. 훌륭한 고객 경험을 구축하기 위한 열쇠는 가치 제안을 창출하는 동안 고객 가치가 어떻게 그들의 삶을 향상시키는지 이해하는 것입니다. 이러한 접근 방식이 실제로 작동하는 것을 목격하고 강력한 결과를 제공하는 것을 보았습니다. 이 책을 읽어 볼 것을 강력히 추천합니다."

비욘드 필라소피 최고경영자 콜린 쇼

"이 책은 읽기 쉽고, 유의미한 연구들을 소개해 매우 실용적입니다. 이는 고객을 위한 가치 창출 영역의 공백을 메우기 위한 중요한 진전입니다."

크랜필드 경영대학원 명예교수 말콤 맥도널드

"'힘든 일은 우리가 대신합니다. 당신은 쉬세요'라는 광고 카피처럼, 이 책이 고객 가치를 실질적으로 개선하는 데 도움이 될 수 있습니다. 모든 연구와 지식을 여러분께 전달 드립니다."

커뮤니티 비즈니스 최고경영자 아만다 매켄지

"최고의 실적을 올리는 기업은 고객이 누구인지, 가장 중요하게 생각하는 것이 무엇인지를 이해한다는 공통점이 있습니다. 이 책은 고객 가치를 파악하고 명확하게 설명할 수 있는 실용적인 단계별 가이드를 제공합니다. 고객에게 가치를 제공하고 비즈니스 성공을 위해 기초가 되는 책입니다."

바이어 페르소나 설립자 토니 잠비토

"고객과의 대화 주제를 제품에서 고객 가치로 전환하는 것은 간단해 보이지만 쉽지 않습니다. 그렇기 때문에 이러한 방식으로 세일즈와 마케팅을 진행하면 지속적인 경쟁 우위를 확보할 수 있습니다. 저는 가치학적 접근방식이 성장에 도움이 되는 것을 경험했습니다. 이 책은 회사에서 고객 가치를 적용하는 데 도움이 될 수 있습니다. 승리하는 접근 방식인 가치학을 추천합니다!"

브리티시 텔레콤 메이저 비즈니스 대표이사 대니 매클로플린

# 목차

# 저자 소개

**스테이시 댄하이저**는 미국 콜로라도주 덴버에 본사를 둔 B2B 마케팅 및 영업 컨설팅 전문 회사인 쉐이크 마케팅 그룹의 공동 설립자다. B2B 고객들과 협력하여 통합된 마케팅 전략을 구현하고 고객 중심에 대해 교육하고 있다. 창업 전 케이블, 통신, 금융 서비스 및 은행 업계에서 비즈니스 경험을 쌓았다.

**폴 존스턴**은 영국 셰필드 경영대학원 교수로, 20년간 게임 업계에서 경쟁 전략, 연구 및 제품 혁신업무를 담당했다. 최근 셰필드 시티 리더십 프로그램에서 고객 중심 서비스 모듈과 다양한 대기업 프로젝트를 수행하고, 학부 및 대학원생을 지도하고 있다.

**사이먼 켈리**는 영국 런던에 위치한 쉐이크 마케팅 그룹 공동 설립자로, ICT산업의 고객 서비스, 세일즈 및 마케팅 분야에서 35년의 경력을 갖고 있다. 브리티시 텔레콤 메이저 비즈니스의 마케팅 이사로 재직했을 때, 판매 및 마케팅 방식을 '제품 밀어내기'에서 '가치 기반'으로 전환을 주도했고, 컴퓨터 통합 생산방식을 B2B 마케팅에 접목하여 성공사례를 만들었다. 현재는 셰필드 경영대학원 수석 교수로서 혁신적인 마케팅 및 영업 기술 과정을 개발하고 있다.

# 역자 소개

**김상현 박사**는 휴브파마코리아(유) 한국지사장 및 서울과학종합대학원 세일즈 MBA 주임교수로 재직중이다. 핀란드 알토대에서 국제경영 전공으로 Executive MBA를 취득하고, 서울과학종합대학원에서 경영학 박사 학위를 받았다. 20년이 넘는 기간 동안 국내외 유수 기업에서 B2B 세일즈를 진두지휘하며 얻은 경험을 이론으로 정립하여, 신뢰에 기반한 가치판매기법을 기업에 전파하고 있다.

**정언용 박사**는 마케팅, 마케팅 커뮤니케이션, 브랜드, 유통 분야 전문가이다. 동아일보 미래전략연구소 신사업 담당을 거쳐 동아일보와 네이버 합작회사인 인터비즈에서 네이버 비즈니스를 운영했고, 현재 사업 총괄을 맡고 있다. 한국외국어대학교 학사, 핀란드 알토대학교 MBA를 거쳐 동국대학교에서 경영학 박사를 취득했다. 주요 연구 분야는 디지털 마케팅, 디지털 소비자행동, 콘텐츠 마케팅, 스타트업의 마케팅 전략과 스케일업 등이다. 스케일업코리아 프로젝트 총괄PM, 인하대 경영대학원 겸임교수, 한국벤처창업학회 이사 등 다양한 분야에서 활동 중이다.

**김진환 박사**는 B2B 세일즈와 마케팅, 사업개발 전문가이다. 존슨앤드존슨메디칼과 TNS코리아 등 외국계 대기업 및 태그스토리, 비트베리, 요타코퍼레이션 등 국내 스타트업 기업에서 근무했다. 매일경제, 네이버 비즈니스, 동아비즈니스리뷰 등에 기업의 매출향상 방안에 대한 글을 기고하고 도서 〈팔자생존〉을 출간했다. 고려대학교에서 기술경영학 박사 학위를 받고 가천대 경영대학원에서 '세일즈의 디지털 트랜스포메이션 트렌드' 관련 강의를 했다. 현재 서울산업진흥원 창업정책팀 수석으로서 글로벌 창업생태계와 스타트업의 스케일업 방안을 연구 중이다.

# 그림 목차

P/A/R/T

# 1

# 가치학Value-ology의 기초 구축하기

# 제1장 가치란 무엇인가?

**✱ 이 장에서 학습할 내용**

- 가치 탐색을 위한 대화
- 가치의 정의
- 다양한 가치 유형의 이해
- 가치와 가치들
- 가치의 역동성
- 가치 관점 매핑

## 방 안의 코끼리

우리는 마케팅이 경쟁 우위를 확보하여 기업이 수익을 창출하도록 돕는 활동이라는 것을 알고 있다. 마케팅은 고객이 필요로 하는 것이 무엇인지 알고 경쟁 제품과 다르게, 더 나은 방식으로 고객에게 가치를 제공하는 것을 의미한다. 많은 세일즈 및 마케팅 전문가는 고객 세분화, 타겟팅 및 포지셔닝, 마케팅 믹스 등 비즈니스 분석에 익숙하다.

세일즈 및 마케팅에는 가치라는 개념이 있다. 그러나 일반적인 마케팅이나 영업관리 교과서를 펼쳐보면 아이러니하게도 가치에 대해서는 구체적으로 언급하지 않고 있다. 마치 이 개념이 너무 당연해서 더 이상 논의할 필요가 없기 때문인 것처럼 보인다.

그러나 우리는 가치가 무엇이고 어떻게 만들어서 전달할지 잘 알고 있다고 자신할 수 있는가? 가치는 모든 기업에서 반드시 짚고 넘어가야 하는 주제이자 영업과 마케팅 활동의 시작점이다. 이러한 가치는 모두가 잘 알고 있다고 여기지만, 구체적으로 들여다보면 이를 정확히 아는 사람은 찾기 힘들다. 가치는 이야기하고 싶지 않은 사실이기도 하기 때문이다. 가치를 이해하기 위해 더 많은 관심을 기울여야 하지만 그렇게 하고 있지 않다.

우리는 영국에서 가장 큰 소매업체 한 곳과 미팅을 한 적이 있다. 큰 규모의 펍pub체인을 운영하는 이 회사는 펍을 방문하는 여성과 가족들에게 펍의 이미지와 경험을 개선하고자 매우 열심이었다. 대표는 '우리가 하는 모든 일은 고객에게 돈에 대비한 가치를 제공하는 것'이라는 이야기로 회의를 시작했다. 모든 사람은 자연스럽게 돈에 상응하는 가치를 제공하는 제품을 제안하기 시작했다. 그러나 사람들은 고객이 무엇을 원하는지 모두 다르게 해석했다. 회의에 참여한 일부는 돈에 대비한 가치를 매출 증가로 판단할 수 있다고 여겼다. 그러나 어떤 사람은 고객이 펍에서 머무는 시간이 증가하는 거로 생각했으며, 어떤 이들은 남성 지향적인 제품을 덜 진열하는 것으로 생각했다.

그들은 돈에 대비한 가치가 무엇을 의미하는지, 누구를 위한 가치인지 정의하지 않은 채 신제품의 장점을 토론하는 데 많은 시간을 할애했다. 가치에 대해 사람마다 다른 관점을 갖고 있었고, 애초에 가치가 무엇을 의미하는지 명확히 하지 않은 것이다.

## 가치에 관한 공통된 관점을 갖는 것이 어려운 이유는?

사람들은 가치에 대해 서로 다른 견해를 갖는 경우가 많기 때문에 조직에서 사람들이 고객의 니즈, 태도와 행동, 구매 결정 방법에 대한 정보를 공유하는 것보다 가치가 무엇인지 이해하는 것이 더 어려운 과제이다.

한 사람에게 중요한 것으로 여겨지는 것이 다른 사람에게는 하찮은 것일 수 있다. 사람의 정보 처리 방식이 선택적이기 때문인데, 이는 사람은 자신의 세계관을 지지하는 정보는 받아들이고 반대되는 정보는 거부하는 경향에서 비롯된다. 이스턴 미시간 대학교의 론 웨스트럼 교수는 자신의 연구를 통해 이러한 경향을 중심성의 오류라 했다. 경험 많은 세일즈 및 마케팅 전문가들은 시장에서 일어나고 있는 모든 것을 알고 있다고 확신한다. 그래서 새로운 것이나 특이한 것을 믿을 수 없는 것으로 여기고, 심지어 중요하지 않다고 생각한다.

다른 역할과 위치에 있는 사람들이 다양한 관점의 가치를 갖는 것은 당연하다. 예를 들어 최고재무책임자는 가격에만 관심을 갖는 반면, 핵심거래처 관리자는 고객을 우선으로 생각하기 때문에 정보 공유와 새로운 아이디어를 중요하게 여긴다. 또한 최고마케팅책임자CMO는 마케팅 캠페인을 통한 매출 증대를 기대하지만, 영업 임원은 고객이 가격 중심 의사결정을 하는 상황을 주시한다.

조직심리학자 크리스 아르기리스는 자신의 저서 〈조직적 학습〉에서 사람들은 자신이 가진 편견을 기반으로 정보를 해석한다는 것을 깨닫지 못한다고 말했다. 따라서 고객의 가치를 제대로 이해하려면 추가 시간과 에너지를 투입해야 한다. 그렇지 않으면 우리는 성급하게 결론을 내리고, 고객의 관점과는 상관이 없는 다른 이야기를 하게 된다. 아르기리스는 이에 덧붙여 조직 안의 개인은 각자의 입장을 갖고 있기 때문에 사람들이 자신의 지위와 정체성을 보호하기 위해 방어적인 자세를 취한다고 했다.

덮어둔 문제는 시간이 지남에 따라 더 악화하거나 '논의할 수 없는' 것이 된다. 특히 '가치의 의미를 말하지 않는다'는 것이 조직문화로 받아들여질 때, 문제는 더욱 심각해진다. 물론 회사들은 고객 가치에 대해 많이 연구하고 있다. 이들은 트렌드를 예측하고, 시장 조사를 하고, 고객의 니즈를 이해하기 위해 고객과 소통하는 데 많은 시간과 비용을 소비한다. 그런데 문제는 조직 규모가 크고 복잡할 때, 고객에게 변화가 필요할 때, 마케팅 및 영업 관점 등 여러 관점의 가치가 존재할 때, 또는 가치 탐색을 위한 대화가 전혀 이루어지지 않을 때 발생한다.

## 가치의 모호성

1997년 맥킨지 컨설턴트 랄프 레진스키와 마이크 만은 그들이 쓴 논문 '가격이 아닌 가치 설정'에서 다음과 같이 주장했다.

> "가치는 마케팅 및 가격 책정에서 가장 많이 사용되면서 동시에 가장 잘못 사용되는 용어일 것이다."

가치라는 용어는 강력하다. 더 나은 고객 가치 제공에 맞서 누가 감히 도전하겠는가? 앞에서 언급한 바와 같이 문제는 고객, 공급자, 부서 및 직원 간 생각하는 가치의 의미가 다를 때 발생한다.

스코틀랜드 스트래스클라이드 대학교의 니콜라스 초카스와 마이클 사렌은 논문 '관계 마케팅의 가치 전환'에서 다음과 같이 지적했다.

> "가치라는 개념은 기업의 모든 구성원과 조직 전체의 필수 요소가 되었다."

코끼리의 한 부분만을 만지게 되면 다른 부분은 어떤지 알지 못한다. 따라서 비즈니스 종사자가 가치의 복잡함과 섬세함을 이해하지 못하면 비즈니스 성공도 어렵다.

## 정의된 가치

사람들은 오래 전 야채와 고기를 교환하기 시작한 때부터 가치에 관한 관심을 가져왔다. 크리스티안 그렌루스는 1996년에 발표한 '관계 마케팅: 전략적, 전술적 시사점'에서 중국의 고대 쌀 무역상들은 관계의 가치를 매우 잘 알고 있었다고 설명했다. 팀 엠블러는 2006년 바르고와 러시의 저서 〈마케팅의 서비스 우위 논리〉 중 챕터 '마케팅의 새로운 지배 논리: 코끼리의 관점'에서 중세 상인들이 가격과 상품 가치의 교환 방법을 묘사했다.

그러나 현대사회에서는 다양한 재화가 등장하고 소구점이 달라지면서 그에 따른 가치의 의미가 명확하지 않았으며, 정의하는데 어려움을 겪으면서 몇 가지 정의가 제안되었다.

아랍에미리트 샤르자 대학교 전략경영학과 교수 아자딘 세일럼 칼리파는 '고객 가치: 최근 문헌 검토 및 통합 구성'에서 가치를 다음과 같이 정의했다.

"생산자가 주입하는 것이 아니라, 고객이 얻는 것이다."

제임스 앤더슨, 윌리엄 엘 포드, 프라디프 친타군타, 그리고 디팍 자인은 '비즈니스 시장의 고객 가치 평가: 실태조사연구'에서 가치의 정의를 다음과 같이 제안했다.

"비즈니스 시장에서의 가치는 공급자의 상품과 가격을 고려하여 제품에 지불한 가격에 대한 대가로 고객사가 얻는 경제적, 기술적, 서비스 및 사회적 혜택의 총합이 화폐 단위로 인식되는 것이다."

테네시대학교 마케팅 명예 교수 로버트 우드러프는 '고객 가치: 경쟁 우위의 다음 원천'에서 가치를 다음과 같이 설명했다.

"고객 가치는 사용 상황에서 고객의 목표와 목적을 쉽게 달성(또는 차단)하는 제품의 속성, 성과, 사용 결과에 대한 고객의 인식된 선호도이다."

콜롬비아대학교 마케팅 교수 모리스 홀브룩은 그의 책 〈고객 가치: 분석과 연구를 위한 프레임워크〉에서 가치를 다음과 같이 정의했다.

"양방향 상대적 선호 경험"

하버드 경영대학원 교수 마이클 포터는 〈경쟁전략. 산업 및 경쟁자 분석 기법〉에서 가치를 다음과 같이 설명했다.

"기꺼이 지불하려는 가격"

결론적으로 이 책에서 사용할 가치의 정의는 다음과 같다.

"가치 = 인식된 혜택 - 총 비용"

## 가치의 다양한 유형

각자 처한 상황에 따라 다른 관점을 갖게 된다. 경제학자, 금융인, 회계사는 금전적 가치를 중요시하고, 심리학자는 인식된 가치에 주목하며, 관계 마케터는 관계 가치를 강조한다. 기업의 CSR 부서에서 일하는 사람들은 사회적 가치에 관해 이야기하고 비즈니스 교수들은 교환가치와 사용가치의 개념적 차이를 연구한다.

사람들이 이야기하는 가치는 여러 가지 측면을 갖고 서로 연관되어 있다. 어떤 사람들은 가치에 대해 이야기할 때 자신이 선호하는 관점만을 옹호하고 다른 사람들의 관점은 경시한다. 이에 따라 직장에서 동료 간 의견이 불일치하거나 오해할 소지가 커진다.

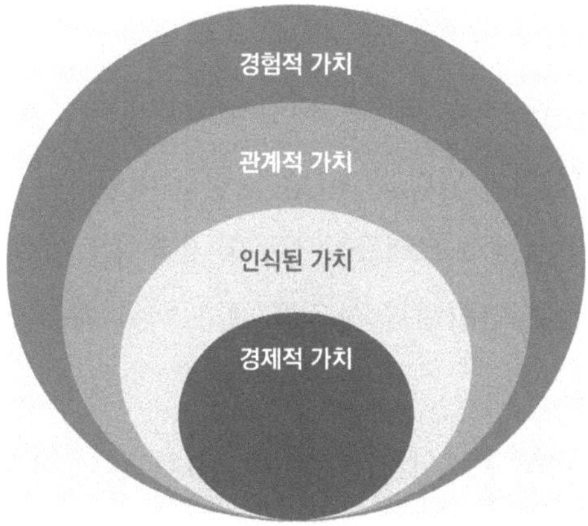


그림 1.1 가치 구조

가치를 구성하는 각 차원을 양파의 층으로 생각해볼 수 있다. 각 층은 서로 다르며 동시에 전체적으로 연관되어 있다. 가치의 중심부는 거래적, 기능적 차원의 경제적 가치이고, 바깥으로 나갈수록 즉각적으로 알 수 있는 인식된 가치, 관계와 거래 과정에서 발생하는 관계적 가치, 광범위하고 미묘한 측면의 경험적 가치로 구성되어 있다(그림 1.1).

## 경제적 가치

경제적 가치의 초점은 거래 비용과 관련 있다. 동일하거나 유사한 제품을 더 적은 비용으로 구입할 경우 더 가치 있는 것으로 간주한다. 이것은 상품, 서비스, 돈의 가치와 교환에 대해 생각하는 가장 근본적인 측면의 가치이다. 비용과 수익이 고객과 공급자에게 중요하다는 사실을 부정할 수 없다. 이러한 가치관은 흔히 소비재 영역에서 볼 수 있는데, 큰 가치는 흔히 더 싼 가격을 의미한다.

## 인식된 가치

사람들이 다른 방식으로 가치를 인식한다는 생각은 오랫동안 학자들과 기업인들에게 인식되어 왔다. 1961년 로런스 마일즈는 저서 〈가치 분석 및 엔지니어링 기법〉에서 고객들이 상품의 유용성을 말할 때 금전적 가치뿐만 아니라 제품을 구입해서 사용할 때 느끼는 자존감 측면의 가치에 관해 이야기했다.

미국 노스캐롤라이나 캐넌 플래글러 경영대학원의 마케팅 교수 밸러리 자이텀은 고객들은 가성비를 고려하지만, 정작 중요한 문제는 고객마다 무엇을 지불할 것인지에 대한 인식이 다르다는 점을 지적했다. 즉, 고객이 인식하는 가치는 고객이 지불하는 방식(예: 시간, 돈, 번거로움)과 우리의 제안을 어떻게 인식하느냐에 따라 달라진다.

모리스 홀브룩은 가치를 4가지 외적 차원과 4가지 내적 차원으로 나누었다. 이것은 직접적으로 유용한 가치부터 상징적인 가치까지 광범위하게 구성되어 있다.

- 효율성
- 탁월함
- 지위감
- 존중감
- 놀이
- 미학
- 윤리
- 영성해결방안이 삶에 얼마나 큰 의미가 있는지를 뜻한다

홀브룩은 개인의 가치가 여러 차원에 걸쳐져 있기 때문에 상대적이라고 했다. 한편 패트리샤 쿠텔 브릴렛와 같은 학자들은 비즈니스 고객의

가치도 상대적일 것으로 생각했다. 그래서 가치를 정의하는 것은 매우 까다롭다. 가치는 다양한 유형 및 무형 고객의 고려 사항을 포함하기 때문에 주관적이고 시간, 환경, 상황에 따라 변할 수 있다. 결론적으로 가치는 매우 개인적이고 고유한 판단이다.

### 관계적 가치

관계적 가치는 사람 간 발생하는 무형의 가치로 B2B 관계에서 특히 중요하다. 영업 현장에서 고객에게 응대하는 것을 관계적 가치로 생각하는 경우가 있지만 이것은 서비스적 가치로 관계적 가치와는 다른 개념이다. 관계 가치의 맥락에서 몇 가지 고려해야 할 사항이 있다.

- 비즈니스는 일회성 거래가 아니며, 시간이 지남에 따라 여러 거래가 발생한다.
- 관계는 핵심 솔루션에 가치를 추가한다.
- 가치는 더하거나 뺄 수 있다.
- 가치는 공급자와 고객 모두에 대해 상호적이다.

관계적 가치는 가격 및 제품 속성에서 벗어나 구매에 참여하는 이해관계자들의 더 넓은 네트워크에 대해 생각하게 한다. 1996년 한켄 경제대학의 마케팅 교수 크리스티안 그렌루스와 연구원 아니카 라발드는 '가치 개념과 관계 마케팅'에서 다음과 같이 이야기했다.

"고객 가치는 제품의 거래에서 발생하지 않고, 고객의 인식에서 창출된다."

볼프강 울라가 교수는 B2B 거래에서 관계적 가치를 8가지 요소로 구분했다.

- 제품 품질
- 배송
- 출시 시기
- 직접 비용
- 서비스 지원
- 공급자 노하우
- 개인 상호작용
- 가공비

울라가 교수는 그의 연구에서 8가지 차원들이 전체 가치를 구성하지만, 서로 직접적으로 원인과 결과로 연결되지 않는다고 지적했다. 따라서 B2B 상황에서는 여러 차원의 관계적 가치를 균형 있게 고려하는 감각이 필요하다.

**다음과 같은 행동은 관계 가치를 높인다**

전문 지식 기술과 역량의 활용, 신뢰의 형성과 강화, 헌신과 편안함, 공급자, 고객 및 인플루언서와의 광범위한 네트워킹, 효과적인 소통과 문제 해결을 통한 공급자-고객 관계 관리 역량

**다음과 같은 행동은 관계 가치를 떨어뜨린다**

도움이 안 되는 직원들, 정보 파악의 어려움, 무능, 지각, 불일치, 이행되지 않은 약속, 무례함, 공격성, 거짓된 행동

관계적 가치 관점에서 볼 때 공급자와 고객의 상호관계는 매우 중요하다. 공급자와 고객은 관계를 통해 가치를 창출하고 획득한다. 즉 이 둘은 윈-윈하는 관계이다. 관계적 가치는 고객에게 일방적으로 제공되는 것이

아니라 상호 관계가 이루어지는 시점에 형성된다. 니콜라스 초카스와 마이크 사렌은 이러한 관계 가치 창출을 '가치 공동 생산'이라 부른다.

### 경험적 가치

경험적 가치는 고객이 공급자와 함께한 경험을 통해 얻는 가치이다. 경험적 가치를 보다 깊이 생각해 보면 개인으로부터 사회적 상호작용 시스템으로 확장된다. 2008년 스티븐 바르고와 연구진은 가치 창출을 평가하는 기준으로 교환가치와 사용가치가 있다고 설명했다.

교환가치는 우리가 일반적으로 이야기하는 가치 창출 방식이다. 일반적으로 가치는 기업이 제공하는 제품과 서비스에 의해 만들어지고 시장에서 유통, 교환된다. 공급자와 고객은 분리된 존재이다. 제약회사는 재료를 고객에게 도움이 되는 의약품으로 변형해 제품에 가치를 부여한다. 가치있는 상품은 거래 시에 돈과 교환된다. 약은 고객의 삶에서 사용될 때만 가치가 있다. 이때 공급자는 환자를 낫게 하고 사회 전체의 복지를 증진해 수익과 평판을 획득한다.

사용가치는 가치 창출을 이해하는 새로운 기준이다. 서비스 관점에서 보면 공급자와 고객은 가치를 전달하는 데 분리된 존재가 아니다. 공급자와 고객은 가치를 공동으로 창출한다.

사용가치 관점에서 우리는 2가지를 고려해야 한다. 첫째, 고객은 단순 구매자가 아니라 상품과 서비스 개발에도 참여한다. 둘째, 공급자는 거래를 통해서 정당한 가치를 얻어야 한다. 2008년 에버트 굼메손 교수는 '고객 중심: 현실 혹은 헛된 노력'에서 공급자가 모든 고객의 변덕에 응대하여 손해를 감수하는 것을 헛된 노력이라고 했다. 즉, 회사는 잘못된 고객 중심주의를 경계해야 한다.

### 사회적 가치

사회적 가치는 가치 생태계에서 가장 넓은 범위에 해당한다. 마이클 포터 교수는 공유 가치 창출에서 주주 우선주의를 주장했던 밀턴 프리드먼과 다른 의견을 제시했다. 그는 규제 없는 자본주의, 소비주의, 물질주의는 경제와 사회 전체에 나쁜 영향을 준다고 주장했다. 이익을 중시하는 기업의 주주 우선적인 접근방식은 사회적 책임에 대한 명확한 인식과 균형을 이룰 필요가 있다. 사회적 가치는 단지 듣기 좋은 이야기일 뿐만 아니라 실제로 사업의 성장에도 도움이 된다. 포터는 "사회적 니즈가 단순히 경제적 니즈를 의미하는 것은 아니며, 사회적 해악이 기업의 내부 비용을 발생시킬 수 있다"고 했다.

## 구매자 근시안과 가치 파괴

1997년 데이비드 파머는 오직 경제적 관점의 가치만 추구하는 것을 '구매자 근시안'이라고 했다. 이 같은 구매자에게 관계적, 경험적 가치는 무시되고 가격만이 중요해진다.

전자 게임 제조업체의 집적회로 구매 담당자는 더 낮은 가격에 동일한 제품을 구매할 수 있다고 판단해 내부 설계 엔지니어들과 상의도 하지 않은 채 새로운 공급자와 구매를 진행했다. 그런데 새로운 공급자가 납품한 집적회로는 공급이 불안정했고 품질이 보증되지 않았다. 더욱이 기존 공급자와 아이디어를 공유하고 공동으로 문제를 해결하는 활동이 중단되면서 그동안 쌓아왔던 장기적인 관계가 돌이킬 수 없을 정도로 훼손됐다.

가치 파괴는 주로 공급자의 무례함, 주의력 부족 등과 같은 잘못된 행동에 의해 발생하지만, 고객이 관심이 없거나 갑질을 하는 경우에도 가치가 파괴될 수 있다. 경제적인 이윤도 중요하지만 가치가 이미지, 경험, 그리고 관계의 따뜻함을 포함한다는 것을 잊어서는 안 된다. 그래서 공급자는 특정 고객이 거래처로서 바람직한지 냉정하게 평가할 필요가 있다.

## 품질, 만족도, 가치의 차이

로버트 우드러프는 가치를 언급할 때 효용, 품질, 만족도, 혜택과 같이 정의하기 어려운 다른 용어와 함께 자주 사용되는 것이 문제라고 지적했다. 고객 만족은 마케팅 효과를 측정할 수 있는 일반적이고 가치 있는 척도이다. 만족도는 고객이 솔루션을 사용하거나 경험한 후에 측정할 수 있다.

반면에 가치는 솔루션을 사용하기 전부터, 사용하는 도중에, 그리고 사용 후까지 평가될 수 있다. 이것은 나중에 가치 제안의 개념을 설명할 때 특히 중요하다. 제안되는 가치는 고객이 예측하고 판단할 수 있으며, 관계의 가치는 고객이 처음 만나는 순간부터 지속해서 평가된다.

품질도 마찬가지이다. 품질과 가치는 서로 바꿔 쓸 수 있는 용어라고 생각하기 쉽지만 밸러리 자이텀은 품질은 제품과 서비스에 대한 객관적 평가이고, 가치는 주관적 판단이라고 구별했다. 따라서 가치 대화를 통해 핵심 제안의 가시적인 측면부터 서비스와 경험에 대한 주관적인 인상에 이르기까지 고객이 전반적으로 고려하는 광범위한 요소를 훨씬 더 잘 파악할 수 있다.

## 가치Value와 신념Values

가치와 신념은 고객 가치 창출과 관련하여 밀접하게 관련되어 있지만 매우 다른 주제이다. 고객 가치를 이야기할 때 그 의미를 더 명확하게 이해하려면 이 둘을 구별하는 것이 중요하다.[2]

'신념'은 자유, 정의, 도덕 등과 같이 우리가 삶에서 중요하다고 생각하는 것과 관련한 개인적 믿음이다. 우리는 이러한 신념에 개인의 가치 판단을 적용한다. 어떤 사람들은 도덕성을 자유보다 더 가치 있게 여길 수 있다. 〈성공하는 기업의 8가지 습관〉의 저자인 짐 콜린스와 제리 포라스는 존중, 진실성, 열린 소통과 같은 신념을 핵심 가치라고 했다.

공급자가 빠질 수 있는 함정 중 하나는 고객이 원하는 거라 착각하면서 공급자 관점에서 판매하는 것이다. 월트 디즈니의 경우를 예로 들어보자. 그들의 핵심 가치 중 하나는 '세밀함과 일관성에 대한 광적인 집중'이다. 공급자 관점에서 맞는 말이다. 하지만 고객은 그들이 실제로 얻게 될 혜택에 더 많은 관심을 보인다. 만약에 부모들이 아이들과 즐겁게 지내기 위해 영화 〈겨울왕국〉을 보러 간다고 했을 때, 그들은 영화 제작 기술의 발전에 감탄하기 위해서가 아니라 단지 가족과의 즐거움과 행복을 원하는 것이다. 또 다른 사례는 영국 사우스요크셔의 한 경찰서에서 찾아볼 수 있다. 그들은 신뢰, 대응력, 다양성의 조직적 가치를 자랑스러워했고, 이것을 지역사회에 강하게 홍보했다. 하지만 범죄를 방지하고 범죄자를 잡아야 한다는 지역사회의 니즈와는 상당히 거리가 먼 것이었다.

공급자의 가치가 고객의 가치라고 생각하는 것은 실수이다. 공급자가 갖는 신념은 임직원에 의해 결정되는 반면, 가치는 고객에 의해서만 결정된다는 것이다. 한편 고객의 신념은 그들의 정체성과 브랜드를 일치하려

2 가치는 고객이 사용경험을 통해 확정하는 것이고 신념은 삶에 대한 태도와 방식과 같은 철학을 의미한다.

는 성향을 보인다.

## 가치의 역동성

고객이 처한 상황은 항상 변한다. 어제 좋았던 가치가 오늘도 높은 가치로 여겨질 것이라는 보장이 없다. 예를 들어보자. 집 문이 부서졌다. 처음에는 이웃집과 어울리는 스타일의 문을 찾았는데 예상보다 시간이 오래 걸렸고 그동안 집에 도둑이 들 뻔했다. 그에 따라 우선순위가 디자인에서 보안으로 급하게 변경되었다.

가치는 고객에 따라 의미하는 바가 다르다. 상황에 따라 다르고 구매자의 개인적인 해석에 따라 다르다. 로버트 바르고와 스티븐 러시는 '서비스 우위 논리: 진화를 계속하는 것'에서 가치는 고유하고 경험적이며 맥락적이고 의미가 다양하다고 했다.

요약하자면 명심해야 할 점은 가치가 본질적으로 주관적이라는 것이다. 가치는 여러 차원으로 구성되며 항상 경쟁 관계에 있는 대안과 비교하여 판단된다. 브록 스미스와 콜게이트는 '고객 가치 창출: 실용적 프레임워크'에서 가치 유형을 기능적/도구적, 경험적, 상징적, 비용적 가치로 분류했다. 반면에 쉬스, 뉴먼과 그로는 가치의 유형을 기능적, 사회적, 감성적, 인식론적(지식) 및 조건부적 가치로 구분했다.

아래 체크리스트를 사용하여 여러분 회사의 시장 및 고객과 관련된 다양한 유형의 가치 사례를 파악해 보자.

1. 경제적 가치 – 제안에 담긴 효용과 가격 고려 사항 포함
2. 인식된 가치 – 브랜드 이미지 및 상징적 가치 포함
3. 관계적 가치 – 지식 가치 포함
4. 경험적 가치 – 감정적 가치 포함

## 가치 탐색을 위한 대화하기

가치가 무엇인지 이해하려면 다양한 관점을 포착할 방법이 필요하다.

"가치 = 인식된 혜택 - 총 비용"

위 공식을 통해 우리는 가치에 대해 파악할 수 있다. 목표는 비즈니스에서 발생하는 가치에 관한 생각과 관점을 명확히 하고 회사가 제안하는 고객 관점의 가치 솔루션을 만드는 것이다.

이것이 회사가 지속해서 관리해야 하는 시장의 가치들이다. 경제적 가치는 결제 조건이나 리베이트와 같이 고객이 지불하는 금전적 가격에 관한 것이다. 인식된 가치는 제품의 신뢰성이나 스타일링에 대한 고객의 주관적인 견해이다. 관계적 가치는 단순히 제품을 판매하는 것을 뛰어넘어, 공급자가 전문지식과 열정을 갖고 능동적으로 문제를 해결하는 것을 의미한다. 경험적 가치는 공급자의 전후 사정을 알고 있는 것을 말한다.

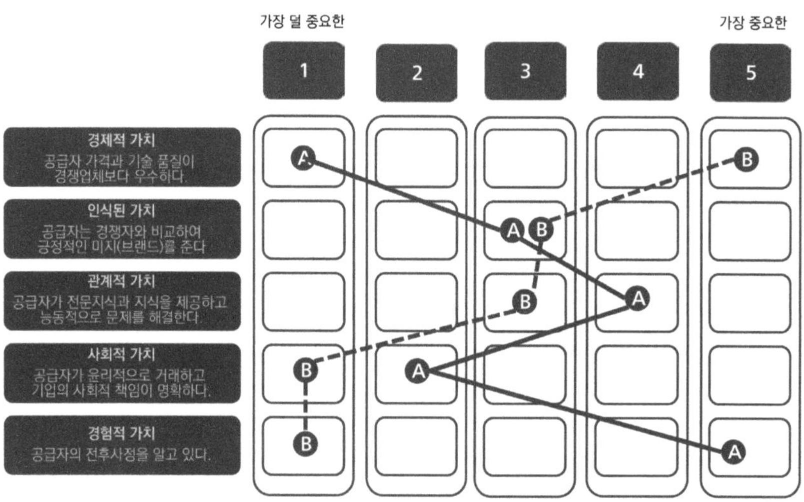


그림 1.2 가치 유형 평가

### 연습 1: 고객 관점의 가치 점수 매기기

각 가치 차원에 대해 고객이 생각하는 중요도를 표시한다. 개인별로 다른 색상을 사용하고, 역할에 따라 이름을 지정하거나 익명으로 진행할 수 있다. 이 작업이 완료되면 점을 연결한 선을 긋는다(그림 1.2). 비슷한 점과 차이점에 주목하고 다음을 논의해 보자.

1. 왜 이런 차이가 생겼을까?
2. 논의한 내용을 토대로 어떤 조치를 해야 할까?

### 연습 2: 가치 탐색 과정에서 회사 vs 고객 관점의 가치 확인하기

이 연습은 가치 탐색 과정에서 회사가 가진 편향을 확인하고, 향후 가치 탐색을 위한 대화가 어느 방향으로 진행되어야 하는지 논의하기 위한 것이다.[3]

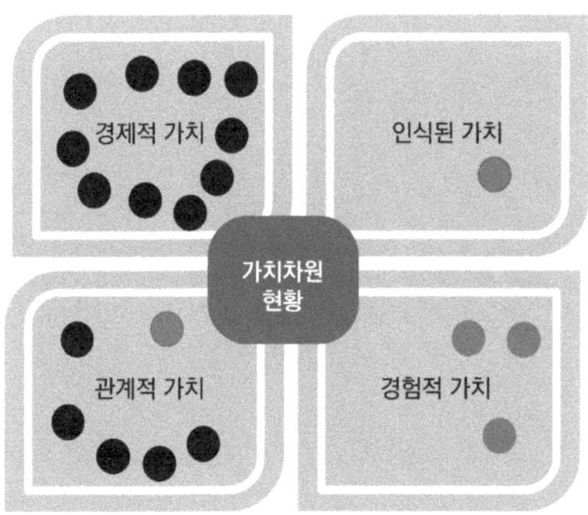


그림 1.3 회사 vs 고객 관점의 가치 매핑 가치화 현황

3 마이크 페들라, 존 버고인과 톰 보이델의 저서 〈학습하는 회사〉에서 제시한 아이디어를 기반으로 한다. 전략, 전술, 아이디어에 초점을 맞춘 관리를 매핑하는 데 사용된다.

회사 관점에서 가치 탐색을 위한 대화를 할 때 현재 관심이 어디에 있는지 15개 포인트를 할당해보자. 다음으로 고객 관점의 가치 탐색을 위한 대화의 중심이 어디로 이동해야 하는지 생각하여, 5개의 포인트를 할당해 보자. 그런 다음 15개 포인트를 할당한 회사 관점의 가치와 5개 포인트를 할당한 고객 관점의 가치를 비교하고 논의해 보자(그림 1.3).

# 제2장

# 가치 제안: 그것은 무엇인가?

**✱ 이 장에서 학습할 내용**

- 가치 제안이란 무엇인가?
- 가치 제안의 다양한 수준과 유형
- 가치 제안 접근방식이 회사의 성장에 중요한 이유
- 고객과 회사를 위한 가치 제안 접근방식을 효과적으로 구현하기 위해 중요한 첫 번째 단계 제공
- 가치 제안 개발을 위한 프로세스
- 시장에서부터 개별 고객 가치 제안까지, '황금 동아줄' 생성

지금까지 우리는 가치의 개념이 정확하게 설명하기 어렵고 논쟁적이라는 것을 살펴보았다. 가치는 사람마다 다른 의미를 갖는 단어이다. 따라서 고객의 가치가 무엇인지 명확하게 파악하는 것이 중요하다.

가치에 대한 정의는 이미 1장에서 밝힌 바와 같다.
가치 = 지각된 혜택 - 총 비용

미국의 한 대기업에서 M&A 후 일어난 일이다. 대기업에서 다른 회사를 인수하고 최고마케팅 책임자로 인수된 회사 출신을 배치했다. 몇 주 후 그는 통합된 회사에서 가치 제안이 무엇인지를 결정하는 회의를 소집했다. 가치 제안을 개발하고 다른 부서에 전달해야 하는 임무 역시 인수된 회사 출신이 맡았는데, 가치 제안을 발표하는 과정에서 고객 관점의 가치

가 아닌, 합병된 회사가 고객에게 제공할 수 있는 특징을 나열한 것에 불과했다. 심지어 기존에 근무하던 사람들조차 고객에 대해 서로 다른 관점을 갖고 있어서 이견을 좁히지 못했다.

**연습 3: 우리는 이 사례로부터 무엇을 배울 수 있을까? 각자의 생각을 적고 현재 상황과 비교해 보자.**

**공통된 정의** 가치와 마찬가지로 가치 제안 역시 주관적으로 해석된다. 따라서 구매자와 공급자는 가치 제안에 대한 정의를 명확히 하여 공통의 언어로 소통하는 것이 좋다.

**준비가 핵심** 가치 제안을 개발하기 위한 회의를 소집하기 전에 누가 참여해야 하는지, 어떤 준비가 필요한지 점검해야 한다. 한편, 고객의 니즈를 조사하기 위해 고객을 참여시키는 것이 가치 제안 개발 준비의 기초이다. 이 과정에 영업직원의 참여 역시 강력하게 추천한다. B2B에서 영업직원들이 마케팅 담당자보다 자주 고객을 접하고 함께 일하는 사람이기 때문이다.

**윗사람부터 시작하기** 마케팅 책임자가 준비 과정에 얼마나 관여하는지도 중요하다. 가치 제안 접근방식에 대한 명확한 권한을 갖고 다른 사람들을 참여하도록 독려해야 한다.

## 가치 제안이란 무엇인가?

가치와 마찬가지로 의미가 모호하고 이전의 경험에 의해 영향을 받을 수 있다. 따라서 회사의 가치를 명확하게 정의한 후에 고객에게 제안할 가치를 개발하는 것이 좋다.

### 가치 제안은 고객의 혜택에 관한 것이다

가치 제안은 가치를 구성하고 고객에게 전달하는 방법에 관한 것이다. 반스와 연구진은 고유한 판매 제안의 개념과 함께 가치 제안의 진화 과정을 설명했다. 이것은 영업팀이 제품 설명을 할 때 기능에서 고객의 혜택으로 전환하도록 도왔고, 회사는 고객의 니즈를 해결하는 경우에만 수익을 얻을 수 있다는 사실을 깨달았다. 1985년 맥킨지 컨설턴트들이 가치 제안이라는 용어를 사용하기 시작했으며 이를 기반으로 1988년 래닝과 마이클스는 가치 제안 창출에 초점을 맞춘 컨설팅 도구를 개발했다. 가치 제안은 판매자가 고객에게 공식적으로 전달하는 가치 약속을 의미한다. 고객이 가치 주도적인 구매를 하는 경우 고객은 물건을 구매하는 것이 아니라 물건이 제공하는 경험을 구매하는 것이다.

### 고객이 받게 될 영향

가치 제안은 고객이 공급자로부터 얻을 수 있는 경험을 명확하고, 설득력 있고, 신뢰할 수 있게 표현한 것이다. 가치 제안은 고객에게 미치게 될 영향에 초점을 맞춰야 한다. 2011년 그렌루스와 라발드는 가치 제안을 다음과 같이 정의했다.

> "가치 제안은 자신에게 어떤 영향을 미칠 수 있는지 고객이 예측할 수 있는 것으로, 잠재적인 미래 가치 창출에 대한 약속이다."

가치 제안은 목표 고객과 관련된 용어로서, 제품이나 서비스가 주는 혜택을 전달해야 한다. 고객의 관점에서 공급사의 역량이 고객 비즈니스에 무엇을 더해줄 수 있는지 보여주어야 한다. 이것은 새로운 매출, 신규 고객 추가, 고객 환경 개선 또는 운영 성과 개선과 관련한 것일 수 있다. 즉 고객의 고민을 해결해주는 것이어야 한다.

### 가치 제안은 미래를 위한 약속이다

가치 제안은 고객에게 미래가 현재보다 어떻게 더 좋을 수 있는지에 대한 기대를 제공한다. 이를 통해 고객은 효율성이나 민첩성을 향상하거나 신규 수익의 혜택을 누릴 수 있다.

### 금전적 계산

B2B에서 가치 제안은 고객이 얻게 될 혜택을 금전적으로 보여주어야 한다.

### 가치 제안은 고유한 것이다

서로 다른 회사의 가치 제안서를 비교해 보면 모두 똑같아 보이는 경우가 많다. 우리만의 고유한 가치 제안은 어떤 것인지 고민해야 한다.

**연습 4: 자신만의 가치를 제안할 수 있을까?**

경쟁사 웹사이트를 간단히 훑어보면 모두가 '우리는 혁신적이고 동급 최고이며 우수한 고객 서비스를 제공합니다'라며 비슷하게 주장하는 것을 볼 수 있다. 따라서 자신을 차별화하는 고유한 가치 제안이 필요하다. 고유하다고 해서 유용하지 않다는 의미가 아니다. 고객 관점의 가치를 어떻게 고유하게 제공할 수 있는지 입증하는 것을 목표로 해야 한다.

### 가치 제안은 고객에 관한 깊은 이해가 기반

가치 제안은 고객에게 제공하려는 미래 가치의 약속이다. 가치 제안을 위해 고객이 무엇을 소중하게 생각하는지, 그들의 문제가 무엇인지 이해하기 위한 노력이 필요하다. 애버딘 그룹은 온라인 리소스를 활용하여 고객 이해도를 높인 기업들이 최대 21%의 수익률을 더 달성한다는 사실을 발표했다.

이 모든 것을 종합하여 우리는 가치 제안을 다음과 같이 정의한다.

"가치 제안은 미래의 기대치를 약속하는 것으로, 미래의 혜택이 총 비용을 초과할 것임을 보여준다."

가치 제안은 다음을 포함해야 한다.

- 영향 - 고객의 조직에 어떻게 긍정적인 영향을 미칠 것인가
- 역량 - 고객에게 이러한 영향을 미칠 수 있는 역량은 무엇인가
- 지출(비용) - 고객이 원하는 것을 얻기 위해 얼마를 지불해야 하는가
- 금전적 계산 - 재무적 혜택에서 비용을 빼면 얼마나 남는가
- 고유함 - 경쟁자와 차별화되는 점은 무엇인가
- 정렬 - 고객의 핵심 요구사항에 부합하고 있는가

또한 다음을 포함할 수 있다.

- 정서적 차원 - 고객이 기대할 수 있는 마음의 안정
- 관계적 차원 - 고객과 공급자 간 개선된 관계를 통해 얻을 수 있는 혜택

따라서 올바른 의견을 제시하고 고객에게 공감을 주기 위해서 가치 제안은 **MUSICAL**을 포함해야 한다.

- 금전적 계산**M**onetary calculation - 재무적 이익에서 비용을 빼면 얼마나 남는지
- 고유함**U**nique - 경쟁업체와 차별화되는 점은 무엇인지
- 지출**S**pend(비용costs) - 고객이 얼마를 지불할 준비가 되어 있는지

- 영향Impact - 고객 조직에 어떻게 긍정적인 영향을 미칠 것인지
- 역량Capability - 이러한 효과를 고객에게 제공할 수 있는 역량은 무엇인지
- 정렬ALigned - 고객의 핵심 요구 사항을 충족하고 있는지

이 프레임워크를 사용하여 가치 제안을 개발하기 전에 회사가 정의하는 가치 제안이 무엇인지를 명확하게 하는 것이 좋다.

가치 제안의 설득력과 관련성을 높이기 위해서 어떻게 해야 할까? 결국 가치는 고객에 의해 창출되기 때문에 B2B 조직 내의 다양한 이해관계자에게 초점이 맞춰져야 한다. 각 부서의 담당자를 고려한 가치 기반 접근 방식을 통해 궁극적으로 B2B 고객사에게 회사의 가치를 더 많이 노출시킬 수 있다.

## 왜 가치 제안이 중요한가?

경쟁자와 구별되고 더 나은 가치를 제공하는 것이 점점 어려워지고 있다. 기술이 빠르게 발전하는 세상에서 제품의 경쟁우위를 오랜 기간 점하는 것은 꿈같은 일이다.

### 제품이 전부가 아니다

지속적인 제품 차별화가 가능하다고 해도 과연 이것이 고객이 진정으로 원하는 것일까? 포레스터 리서치가 〈포춘〉 선정 500대 기업의 고위 임원들에게 특정 공급자를 선택하는 이유를 물었을 때 단지 16%만이 공급자의 제품(서비스)을 가장 중요한 요소로 꼽았다. 대신 임원들은 자사의 비즈니스를 이해하고 문제 해결책을 제시하는 능력을 가장 중요하게

여겼으며 그러한 능력을 갖춘 공급사와 현재 거래하고 있다고 믿었다. 그럼에도 불구하고 응답한 임원 중 현재 공급사 영업직원이 자사의 비즈니스에 대해 잘 알고 있다고 답변한 비율은 27%에 그쳤다.

〈애자일 셀링〉의 저자 질 콘라스는 경험상 의사결정 과정에서 아무런 가치를 제공하지 못하고 어리석은 질문과 부족한 통찰력, 지루한 프레젠테이션을 하는 '보따리상'이 있기 때문에 구매자들이 영업직원을 점점 멀리하고 있다고 지적한다. 포레스터 조사에서 한 고위 임원은 다음과 같이 응답했다.

> "30분 동안 유명 회사의 영업직원과 함께 있었는데 전화번호부만 한 책자를 주더군요. 마치 그는 제가 건초 더미에서 바늘을 찾기 위해 그 모든 자료를 뒤져 보기를 기대하는 것 같았습니다."

## 의미 있는 고객 통찰력

CEB 연구에 따르면 영업에서 가장 큰 차별화 요소는 영업 경험 자체였다. 53%의 고객은 가치 있는 도움과 통찰력을 제공한다면 고객 충성도가 향상될 것이라고 답했다. 또한 19%는 제품과 서비스 제공을, 19%는 브랜드와 회사의 영향력에 대해 언급했다. 따라서 고객의 비즈니스를 이해하고 가치 있는 통찰력을 제공하고 있다면 여러분은 차별화된 영업을 하는 것이다.

그런데 CEB 조사에서 B2B 구매자가 구매 탐색 과정의 상당 부분을 진행한 후에 판매자와 접촉하는 것으로 나타났다. 2015년 피셀로는 B2B 구매자의 67%가 영업직원과 처음 접촉했을 때 자신이 원하는 바를 이미 명확하게 파악하고 있다고 답한 점을 지적했다.

이는 고객과의 가치-기반 대화가 영업이 아닌 마케팅에서 시작된다는 것을 시사한다. 영업직원은 항상 구매자의 초기 구매 과정에 관여하기 위해 노력하지만, 대부분 구매 과정의 60%가 진척된 상황에서 고객을 응대한다. 동시에 잠재 고객 중 94%는 고객의 니즈와 관련 없는 콘텐츠를 제공한 공급자와 관계를 끊은 적이 있다고 답했다. 따라서 마케팅팀은 고객이 직면한 문제를 해결할 수 있는 고객 관점 콘텐츠를 훨씬 더 잘 만들어야 한다. 그렇지 않으면 고객은 영업팀에 전화도 하지 않고 회사 홈페이지에서 나가버릴 것이다.

## 가치 제안 접근방식으로 차별화

우리는 영국 크랜필드 경영대학원 마케팅 명예교수 말콤 맥도널드의 의견에 동의한다. 제품 차별화가 어려운 세상에서는 가치 제안 접근방식이 시장에서 차별화를 일으키는 요인이 되어 경쟁사보다 우위에 설 수 있다. 그의 연구에 따르면 오직 5%의 기업만이 재무적인 가치 제안을 하는 것으로 나타났다.

### 가치 제안이 성과를 만든다

2016년 맥도널드와 올리버는 재무적 가치 제안이 수익성 있는 매출을 증가시키는 데 도움이 된다고 주장했다.

- 일반적으로 2~10%의 더 많은 거래를 체결할 수 있다.
- 납품가 인하 압박(20~30%)에서 벗어날 수 있다.
- 더욱 생산적인 마케팅 캠페인을 전개하여 가치를 입증할 수 있다.
- 결정을 취소하거나 지연하는 횟수를 줄일 수 있다.

우리는 미국 기업과 협업해 입찰할 때 낙찰률을 6% 높였고, 영국 기업의 경우 3년 연속 기록적인 수익을 달성하게끔 도왔다. 여러분도 이 접근방식에 따라 성공할 수 있다.

## 가치가 없다면 남는 것은 가격뿐

고객을 깊이 이해하지 못하거나 고객의 문제 해결을 돕지 못한다면, 고객 가치 창출의 문을 열지 못할 것이다. 여러분이 고객과 가격으로 이야기를 풀어간다면 대화는 곧바로 가격을 중심으로 흘러간다. 원가 경쟁력에 자신이 없다면 가격 중심의 대화는 최악의 선택이다. 일반적으로 5%의 가격을 인하하면 영업 기회가 확대되어 결과적으로 10%의 매출을 증가시킬 수 있지만, 동시에 16%의 수익 감소를 초래한다. 그렇다면 10%의 매출 상승 또는 16%의 수익 하락 중 어디에 초점을 맞출 것인가? 둘 다 정답은 아니다.

## 우리의 접근방식: 가치 제안 시스템

가치 제안은 궁극적으로 구매 기업 내 다양한 이해관계자에게 공감을 불러일으켜야 한다. 웹스터는 이러한 접근방식이 효과가 있으려면 가치 제안이 '가장 중요한 단일 조직 원칙'이 되어야 한다고 주장했다.

구매 기업 내의 다양한 이해관계자에게 공감을 불러일으키는 가치는 회사와 고객사 내 모든 계층과의 소통을 통해 개발되어야 한다. 이 접근방식은 일관성 있게 지속해서 진행되어야 하고, 고객의 조직을 통해 다른 고객 또는 다른 산업에도 전달되어야 한다. 이러한 접근방식을 가치 제안 체계라고 부른다.

그림 2.1 가치 제안 체계

## 주요 비즈니스 문제 이해

가치 제안을 개발하기 위한 바탕에는 고객의 비즈니스 문제가 존재한다. 100명의 B2B 마케팅 및 영업직원이 고객이 직면하는 문제를 목록으로 작성한다면 그 내용이 크게 다르지 않을 것이다.

**연습 5: 비즈니스 고객이 직면한 문제의 목록을 작성해보자.**

목록에 무엇이 들어 있는가? 매출, 비용, 수익, 고객 성장 및 획득, 고객 만족도, 경쟁 우위, 규제 우려, 생산성 및 운영 성과 등일 것이다. 고객이 직면한 문제는 모든 비즈니스 조직에 다양한 방식으로 영향을 미친다. 공공기관은 재무적인 수익에 관해서는 관심이 없지만, 공공 서비스 제공에 대해서는 확실히 관심을 가질 것이다.

고객의 문제는 시장의 거시 환경 변화와 개별 조직의 경쟁 구도에 따라 중요도가 달라진다. 1년 전에 배럴당 28달러이었던 브렌트유 가격이 현재는 배럴당 100달러 선으로 상승했다고 가정하자. 이것은 많은 기업의 운명에 큰 영향을 미친다. 이때는 특정 시점에 고객에게 영향을 미치는 핵심 문제를 파악하고 이를 해결할 수 있는 시스템을 갖추는 것이 목표가 된다.

## 제안 테마 개발

고객의 비즈니스로부터 발견한 문제를 핵심 제안 테마로 구체적으로 발전시켜야 한다. 제안 테마를 여러 개 선정할 수 있지만, 메시지의 방향성과 효과를 고려하면 한 번에 3~4개를 넘지 말아야 한다. 회사는 솔루션, 제안, 제품, 메시지 및 캠페인을 제안 테마와 연계해야 한다.

이 접근방식의 이점은 다음과 같다.

- 고객의 비즈니스에 변화를 가져오거나 부가가치를 입증한다.
- 고객의 문제를 모든 대화의 출발점으로 활용하는 방법을 제공한다.
- 고객의 문제와 관련 없는 메시지를 고객에게 제공하지 않는다.
- 고객의 문제를 기반으로 선정한 테마에 따라 모든 제품과 솔루션을 배열할 수 있으므로 마케팅 비용을 절감할 수 있다.
- 이 방식을 사용하면 교차 판매와 상향 판매가 가능해 더 많은 매출을 만들 수 있다.

선택한 테마는 다음과 같다.

- 회사에서 해결할 수 있다고 생각하는 주요 고객 문제의 본질을 파악해야 한다.
- 고객이 달성하고자 하는 목표에 대해 공감대를 형성해야 한다.
- 세분된 시장 및 고객 맞춤화가 가능할 정도로 유연해야 한다.

피해야 할 함정은 다음과 같다.

- 가치 테마를 너무 포괄적으로 만들지 말아야 한다. 이는 영업직원들이 공통으로 가지는 불만 사항이다. 미국에 본사를 둔 한 글로벌 정보통신기술 기업의 영업 부사장은 "마케팅 메시지 중 일부는 너무 포괄적이어서 고객이나 영업직원 모두에게 도움이 되지 않는다"고 이야기했다. 테마로 선정하게 된 구체적인 문제에 대한 통찰력을 제공해야 한다.
- 고객을 위한 것인지 아닌지 확인해 보아라. 우리는 업계를 선도하는 기술을 제공한다고 말하는 한 미국 기업을 알고 있다. 그 기업의 주장이 사실일 수 있지만, 고객 가치와는 상관이 없다.

## 특정 산업 가치 제안 또는 세부 시장 가치 제안

마케터들은 이러한 접근방식의 출발점을 고객 세분화라고 한다. 고객 세분화는 유사한 니즈를 가진 고객을 하나의 그룹으로 판단한다. 고객과 가까워질수록 회사의 가치 제안이 더 큰 반향을 불러올 수 있다.

많은 기업들이 그들의 영업팀을 산업 분야별로 조직한다. 영업팀이 제안하는 가치 테마가 고객에게 어떻게 작동하는지 생각해 보자. 회사의 가치 테마가 생산성이라면, 금융 서비스회사가 생산성을 어떻게 달성할까? 사용되는 생산성 관련 핵심 성과 지표는 무엇일까? 고객 생산성 향상을 위해 어떤 통찰력을 제공할 수 있을까? 고객의 문제는 같은 테마에 속하더라도 세부 고객별로 달라질 수 있다.

## 고객 가치 제안

이러한 접근방식을 적용하려면 고객마다 처한 상황이 다르다는 것을 기억하면서 고객에 대한 심층적인 조사를 수행해야 한다. 이를 통해 고객의 고유한 과제를 파악하고 고객이 직면한 문제 중 일부를 해결하는 데 도움되는 가치 제안서를 개발할 수 있다. 고객의 이슈와 잘 정렬하기 위해서는 목표 시장의 이슈와 전반적인 가치 테마를 잘 조정해야 한다.

이 방법을 통해 고객의 문제를 해결하는 데 도움이 되는 제품과 서비스가 무엇인지에 대한 관점을 형성할 수 있다. 회사는 고객에게 어떤 성과를 제공하고, 경쟁업체보다 어떤 점이 더 나은지를 이해시킬 수 있는 가치 제안을 개발해야 한다.

## 콜센터 가치 제안 사례

한 은행이 30만 달러를 투입하여 모든 수신 전화를 처리할 수 있는 통합 콜센터를 설치했다. 그 결과 연간 고객 유지율을 10%(50만 달러 수익 향상) 개선할 수 있었다.

**연습 6: 그림 2.2의 가치 제안이 MUSICAL을 담고 있는가? 어떻게 개선할 수 있을까? 여러분의 생각을 적고 우리의 생각과 비교해 보자.**

**M** - 약속된 가치에 대한 명확한 금전적 계산이 있다.

**U** - 접근방식은 독특하지만, 제안 내용에는 차별점이 없다.

**S** - 콜센터 비용을 명확하게 파악할 수 있다.

**I** - 금전적인 관점에서 볼 수 있다.

**C** - 콜센터를 언급하는 것 외에는 기능에 대해 자세히 설명하지 않는다.

**AL** - 고객 유지율을 높여야 한다는 필요성과 일치한다.

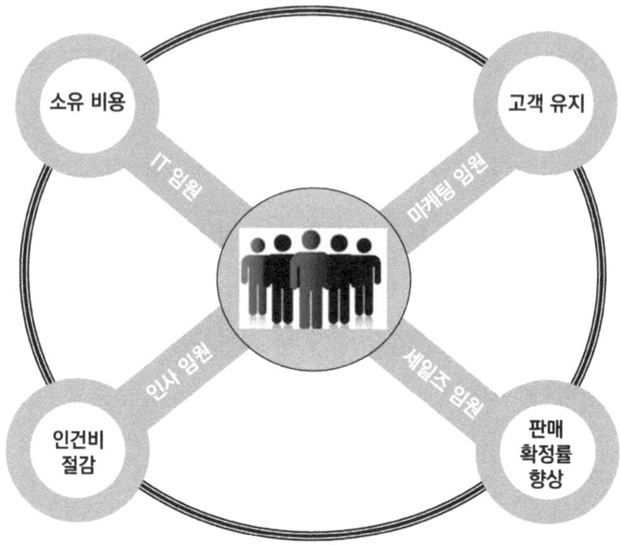


그림 2.2 부서별 경영진에 따라 달라지는 가치 제안

여러분은 이 단계를 거래처 계획 혹은 거래처 기반 마케팅이라고 생각할 것이다. 특히 영업직이라면 프로세스 초기 부분은 건너뛰고 여기서부터 시작하는 것이 가능하다고 생각할 수도 있다. 어떤 수준에서는 여기서 시작하는 것이 가능하겠지만, 여러 가지 큰 함정이 있다.

최근에 한 대규모 글로벌 IT 조직의 마케팅 이사가 강도 높은 ABM 프로그램을 통해 전체적인 가치 제안 접근방식을 제대로 갖추었다고 이야기한 적이 있다. 그런데 가장 큰 모순은 업계가 규격화되면서 자신의 회사가 경쟁사와 어떻게 차별화되었는지에 대한 명확한 생각이 없었다는 것이다. 그래서 그는 이 ABM을 실행하는 동안에도 여전히 제품 관점에서 경쟁 우위 혹은 열위를 판단하고 있었다.

ABM 활동이 모든 것을 포함한 가치 기반 접근방식에서 이루어지고 있었다면, 고객 가치를 명확하게 표현하는데 고객의 관심사를 반영했을 것이다. 회사는 경쟁업체가 할 수 없는 방식으로 고객을 보다 생산적이고 민첩하게 돕는 것으로 경쟁 우위를 점할 수 있다.

## 개별 고객 가치 제안

최근 CEB 조사 결과에서 B2B 구매 의사결정 과정에 관여하는 사람은 평균 5.4명인 것으로 나타났다. 이것은 불황기를 거치면서 기업의 의사결정이 더 신중해져 합의를 중시하게 된 것을 의미한다. 구매 의사결정에 영향을 미치는 5.4명과 가치 대화를 하는 것은 매우 중요하다. 한편, 많은 영업 방법론은 고객 조직 내부의 사람들을 의사결정권자, 최종 사용자 및 기술 구매자로 세분화하는 것을 권장한다. 일부는 고객 조직 내부를 탐색하는 데 도움이 되는 코치를 배치하도록 장려한다. 많은 조직이 기술 구매자에 지나치게 초점을 맞추고 있지만 입찰 견적서를 요청하는 사람은 회사가 구매를 통해 얻고자 하는 가치를 이해하지 못할 수 있다.

B2B 구매에 관여하는 평균 5.4명이 모두 다른 유형의 가치를 추구할 수 있다. 각 부서의 고위 임원들은 콜센터 기술을 구매함으로써 서로 다른 가치를 얻을 수 있을 것이다. 최고 정보 책임자는 현재 기술과 잘 통합되고 유지 관리가 쉬운 것, 즉 소유 비용이 저렴한 것을 찾을 것이다. 최고 판매 책임자는 콜센터가 판매 확정률을 높이는 데 어떻게 도움이 되는지 보여주는 가치 제안에 응답할 것이다. 최고 마케팅 책임자는 상황에 따라 고객을 유지하는 방법 또는 새로운 리드를 만드는 방법에 반응할 것이다. 인사 책임자는 보다 향상된 콜센터 환경을 조성하여 인력 유지율을 개선할 방법에 관심이 높을 것이다. 간단해 보이지만 개별적인 가치

제안을 만드는 것은 쉽지 않다. 그들의 개인적인 어려움을 이해하기 위해서는 그들과 대화해야 한다. 물론 이전에 이 작업이 선행되었다면 성과가 얼마나 향상되는지 통찰력을 제공할 수 있을 것이다.

## 후속 조치를 잊지 말아야

가치 제안은 미래 가치의 약속이다. 개인에게 공감을 불러일으키고 설득력 있는 가치 제안을 만드는 것은 마케팅과 영업의 상호작용이 고객 가치를 염두에 두어 시작되고 끝난다는 것을 의미한다.

털은 많은 조직이 약속한 가치를 전달하지 못했기 때문에 고객 관계 관리 시스템을 반복하고 있다고 지적했다.

바르고와 러시는 서비스 우위 논리에 대한 연구에서 가치는 소비 중이거나 사용 중에만 실현될 수 있다고 했다. 그런데 문제는 가치 제안 접근방식을 따르더라도 고객에게 한 가치 약속이 이행되는지를 확인하기 위한 후속 조치를 취했는지에 달려있다. B2B 환경에서는 고객에게 약속한 가치가 실현되도록 조치를 취해야 한다. 제공되는 가치에 대한 후속 대화를 통해 새로운 문제를 발견할 수 있고 가치 대화를 관리할 수 있으며, 고객 조직의 핵심 관계자와 연락할 수 있게 된다. 더 중요한 것은 고객이 솔루션을 사용하고 나면 이것이 최종 사용자에게 노출된다는 것이다.

고객이 직면한 문제를 명확하게 이해하고 회사와 개인이 의미하는 가치와 가치 제안이 어떤 의미인지 분명하게 해야 한다. 이는 가치 접근방식을 구축할 수 있는 기반이 되며, 가치 테마를 개발하는 데 도움이 될 것이다.

# 제3장
# 가치 제안 전문가

✱ 이 장에서 학습할 내용

- 고객의 개인적 가치 이해하기
- 선제적 가치 판단 이해하기
- 고객의 맥락을 읽은 가치 이해하기
- 의미 있는 가치 대화 이해하기
- 관련성 있는 가치 이해하기
- 가치 제안 전문가의 기술

## 당신도 가치를 창출한다

50명의 세일즈 및 마케팅 전문가를 대상으로 실시한 심층 연구 결과, 사회적 능력이 가치를 창출하는 핵심 역량으로 나타났다. 연구에 따르면 우리는 타인에 대한 가치 판단을 불과 몇 초 만에 내린다고 한다. 이것은 우리가 가치를 제안하고, 객관적 평가를 할 때 전적으로 고객에게만 의존할 수 없다는 것을 의미한다.

대부분 사회적 기술을 당연한 것으로 생각한다. 인간은 사회적 동물이고 어릴 때부터 사회적 기술을 터득한다. 사람들을 편안하게 해주고 타인을 존중하며, 사람들이 어떻게 느끼는지 그리고 어떤 상황에서 무엇을 말하고, 말하지 않아야 하는지 자연스레 배워왔다.

이 모든 것들이 모여 다른 사람을 판단하는 기준이 되기도 한다. 사람들은 타인이 자신을 가치 있게 생각하고 존중해 주길 바라는 마음에서 좋은 이미지를 쌓는 데 많은 시간을 할애한다. 올바른 이미지를 만드는 것은 가치학의 핵심에 해당하는 사회적 역량이다. 1977년 전 씨티은행 부사장 린 쇼스택은 자신의 글 '상품 마케팅에서 벗어나기'에서 '서비스는 대개 영업담당자와 불가분의 관계를 맺고 있다. 서비스를 제공하는 주체는 사람이다'라며 영업담당자가 가치를 창출하는 데 중요한 역할을 한다는 점을 강조했다.

사회적 역량은 직원들이 이미 보유한 영업 관리, 의사결정 및 영업 심리의 기술에 실질적인 가치를 더해준다. 대부분의 세일즈 및 마케팅 교과서는 세일즈 전문가의 사회적 역량을 대충 얼버무리거나 누락한다. 물론 세일즈 전문가가 공감대 형성, 경청, 공감 등을 통해 감정적으로 지적인 태도를 보일 필요가 있다는 점을 자주 언급한다.[4] 그러나 세일즈 전문가가 고객에게 가치를 제안할 때 설명하는 방법에는 사람마다 큰 차이가 있다. 이것이 공급자와 고객 간 사회적 상호작용이 일어나는 부분으로 영업직원이 실제로 어떻게 업무를 수행하는지는 영업직원과 구매자 둘만 알 수 있다. 이 부분은 세일즈 및 마케팅 관리에서 이야기하는 '사라진 중간과정'으로 가치 제안 전문가의 영역이다.

## 개인의 가치

좋은 영업직원을 만나면 사람들은 종종 영업직원의 개인적인 매력, 카리스마, 설득력에 관해 이야기한다. 사람들은 우수한 영업직원들이 나무

4 감정지능은 대니얼 골먼이 고안한 개념으로, 타인과 관계를 잘 맺는 사람들의 사회심리학적 특성을 파악했다.

위의 새들을 유혹하거나 에스키모에게 얼음을 팔 수 있는 신비한 능력을 갖추고 있다고 말한다.

많은 영업 교육 회사들은 유명작가 로버트 루이스 스티븐슨의 저서 〈다른 기억과 에세이와 함께 평원을 가로질러〉에서 '모두가 무언가를 팔아서 산다'고 한 말을 인용하며 판매 교육의 중요성을 강조한다. 스티븐슨은 사람들이 제공하는 상품과 서비스의 가치뿐만 아니라 자신의 개인적인 가치도 다른 사람들에게 납득시키려 한다는 점에 주목했다. 판매는 모든 인간 활동에서 필수라는 관점은 2014년 대니얼 핑크의 베스트셀러 〈파는 것이 인간이다〉에서도 잘 나타난다. 여기서 그는 다음과 같이 이야기했다.

> "의사는 환자에게 치료(제)를 판매한다. 변호사들은 배심원단에게 평결을 판매한다. 교사들은 학생들에게 수업 시간에 집중하는 가치를 판매한다. 기업가들은 투자자를, 작가는 PD를, 코치들은 선수들을 유혹한다."

우수한 세일즈 전문가들이 무엇을 잘하는지 정확하게 말하기는 어렵다. 이것은 형태가 없고 측정하기 어렵기 때문이다. 이 답을 찾기 위해 많은 학문적 연구가 진행되었고, 연구의 결과는 크게 두 가지 유형으로 분류할 수 있다. 하나는 영업 관리 및 구매 과정이며 또 하나는 효과적인 세일즈 전문가의 특성과 기술에 대한 연구이다.

## 전문 영업에 관한 연구의 유형

### 영업 과정 관리와 고객 의사 결정에 관한 연구

이러한 연구들은 영업담당의 의사결정을 체계화하기 위한 목적으로 공급자와 고객 간 상호작용의 단계를 분석하고 설명한다. 구매자 의사 결정을 분석함으로써 니즈를 파악하고, 구매 협상과 의사 결정을 위한 대안을 찾고 선택하는 과정을 보여주는 모델이 만들어진다.

구매 과정 및 고객 몰입에 관한 연구에는 아래와 같이 분류할 수 있다.

- 영업 깔때기 관리 - 고객 유형을 분류하고 다수의 잠재 고객을 소수의 실제 고객으로 줄이는 과정
- 사다리 관리 - 거래 중심의 구매자가 점진적으로 관계 중심으로 변화하고 궁극적으로는 파트너가 되는 관계
- 자문적 판매 행동 - 고객이 자신의 문제에 대한 막연한 인식에서 벗어나 제안된 솔루션을 수용하고 구매하게 하는 과정

## 판매의 심리학적 기법에 관한 연구

이러한 연구들은 우리가 정보를 어떻게 처리하고 이해하는지, 소통하는지, 태도를 바꾸는지, 무엇이 동기를 부여하는지, 심지어 우리의 사고와 행동에 어떻게 영향을 미치는지에 관한 인지심리학 및 사회심리학의 통찰력을 반영한다. 영업직원의 특성과 기술을 살펴보는 연구들은 구매자 유형 분류, 게이트 키퍼 통과, 반대 의견 극복, 재조사와 탐색을 통한 문제 파악, 특정 언어를 사용하여 고객에게 영향을 미치는 심리적인 관점에서 접근한다.

B2B 영업에 관한 다양한 유형의 연구를 검토한 결과, 공급자와 고객 간 사회적 상호작용에 관한 연구가 많이 없었다는 것을 알 수 있었다. 영업직원들이 '사람을 잘 대한다'고 가정하기 때문에 이 중간 지대를 간과하거나 당연하게 여기는 것 같다.

B2B 세일즈 전문가는 전문적인 역량과 호감도를 통해 가치를 창출한다. 진정한 가치 제안 전문가들은 단순히 카리스마가 있고, 고객과 관점이 비슷하거나 가까이 있기 때문에 선호되는 것이 아니다. 그들은 고객의

사업과 직면한 문제를 깊이 이해하고, 고객의 비즈니스를 발전시키는 방법을 제시할 수 있는 능력을 갖추고 있다. 또한 그들은 겸손하며 동시에 아이디어를 주장할 수 있는 단호함을 갖추고 있다. 그들은 비즈니스적으로 민첩하고 성숙한 관점과 고객 가치를 창출할 수 있는 능력을 갖추고 있다. 우리는 세일즈 전문가는 고객에게 도전적인 통찰력을 제공하는 친구가 되는 것이 단순히 여러 방면에서 '착한 사람'이 되는 것보다 더 가치 있다고 생각한다.

## 공급자-고객의 사회적 상호작용: 사라진 중간 부분은 어떠한 모습인가?

사라진 중간 지대는 개인 간 가치 창출의 영역이다. 이 영역에서 세일즈 전문가는 다음을 입증한다.

- 다양한 고객의 사회적 규범, 기대 및 가치를 읽고 적절하게 대응할 수 있는 능력
- 고객이 직면한 문제를 정의하고 문제에 대한 통찰력을 제공할 수 있는 능력
- 고객이 가장 관심있게 생각하는 부분을 찾아낼 수 있는 능력
- 카탈로그에 있는 제품의 '판매'에만 집중하는 것이 아니라 '만약의 상황'에 대한 대화를 유도하고 '제안'할 수 있는 능력
- 적응력과 열린 마음을 가질 수 있는 능력

고객의 가치는 사회적 상호작용을 잘하고, 고객의 현재 상황을 읽고 깊이 이해할 수 있는 능력을 갖춘 B2B 세일즈 전문가에 의해 실현된다. 그들은 영업 과정을 관리하고 전술적인 판매 기술을 전개하는 것보다 더

큰 고객 가치를 만들어낸다. 그들은 전략적으로 인간적이고 사회적인 관점에서 업무를 수행한다.

2006년 미시간 대학교의 리처드 바고지는 논문 '영업직원-고객이 상호작용하는 B2B 관계를 규제하는 데 있어 사회적 및 자의식적 감정의 역할'에서 다음과 같이 말하고 있다.

> "비즈니스 관계는 저절로 지속되고 번창하지 않는다. … 구매자와 판매자는 성문화된 규칙에 따라 잘 정의된 스크립트를 따르는 것 이상의 행동을 한다. … 만약 스크립트 내에서 행동하는 것이 전부라면 기업은 많은 B2B 관계를 전산화할 수 있다. … 그리고 대부분의 인적 요소를 제거할 수 있다."

시나 리크와 피터 턴불은 한 컨퍼런스에서 '비즈니스 시장에서의 대인관계: 정보 기술의 영향'이라는 주제의 토론을 통해 지속적이고 창의적이며 열린 비즈니스 관계는 대면 커뮤니케이션을 통해서만 가능하다고 말했다.

대면 상호작용 과정에서 세일즈 전문가는 사회적 관점의 고객 가치를 창출하는 데 절대적으로 중요한 역할을 한다. B2B 영업직원을 광고, 영업촉진, 다이렉트 메일, 홍보와 함께 커뮤니케이션 믹스의 방법 중 한 가지로 취급하는 것은 실수이다. 이렇게 하면 영업팀은 단순히 로봇처럼 행동하거나 경험이 없는 멍청이로 치부될 수 있다. B2B 맥락에서 효과적인 세일즈 전문가는 고객이 직면한 문제와 적절한 솔루션 유형을 다르게 생각할 수 있도록 돕는 능력을 갖춘 숙련된 컨설턴트이자 촉진자로 활동한다. 그런 면에서 그들은 신뢰할 수 있는 중요한 친구이다.

## 세일즈 전문가를 가치 제안 행위자로 이해하기

행위자는 실제로 행동을 취하는 모든 조직, 부서, 기업 또는 사람을 지칭하는 용어이다. 가치 제안 행위자라는 용어는 스티븐 바르고와 로베르트 러시의 서비스 우위 논리 이론에서 유래되었다.

"기업은 가치를 제공할 수 없고 가치 제안만 제공할 뿐이다."

바르고와 러시는 고객이 제품과 서비스를 구매하고 사용해보기 전에는 고객이 느끼는 가치를 알 수 없다는 점을 주목했다. 고객 가치는 제품이나 서비스가 사용될 때 생성되며 고객에 의해서만 결정될 수 있다.

예를 들어 세계적으로 유명한 종이 및 판지 제조사 스토라 엔소는 매우 일반화된 시장에서 비즈니스를 한다. 스토라 엔소가 판매하는 프리미엄 판지의 대체재를 취급하는 많은 경쟁사들은 패스트푸드 포장에 사용되는 판지를 대량으로 할인해 주고 있다. 겉보기에는 직접적으로 비용을 크게 절감할 좋은 기회로 보일 수 있지만, 일부 고도로 전문화된 제품에서는 규격 미달로 인해 발생하는 생산 지연, 폐기물 발생, 배송 누락 등의 문제가 발생하게 된다. 경쟁자가 매력적인 가격을 제안하지만, 고객이 경험한 사용가치경제적, 관계적, 경험적 가치의 혼합는 결과적으로 큰 재앙으로 귀결된다.

바르고와 러시는 가치 제안 행위자를 조직 간 상호작용을 지칭하는 데 사용했지만, 최근에는 여러 연구자들이 세일즈 전문가 및 핵심 거래처 관리자와 같이 고객을 대면하는 사람을 지칭하는 데 사용하고 있다. 노리치 비즈니스 스쿨의 재스민 바우만과 케네스 르 뫼니에피츠휴, 그리고 셰필드 비즈니스 스쿨의 폴 존스턴과 사이먼 켈리는 가치 제안 행위자로서 세일즈 전문가가 고객 관계를 발전시키는 과정에서 가치를 어떻게 공동으로 만드는지 살펴보았다. 데이비드 밸런타인과 리처드 베리는 2006

년 '마케팅 상호작용을 통한 사용가치 창출'에서 가치 제안을 만드는 것을 상호작용적 소통 행위라고 설명했다. 바우만과 르 뫼니에피츠휴는 이러한 관점에서 영업직원이 어떻게 고객의 목소리를 회사로 전달하는 통역사 역할을 하는지 설명했다. 이것은 영업직원이 기업의 가치 제안을 실현하기 위해 상당히 중요한 역할을 한다는 것을 의미한다. 2012년 테네시대학교의 크리스 블로커 교수와 연구진은 '가치 창출 및 활용에서 영업직원의 역할: 연구를 위한 새로운 방향'에서 영업직원의 중요성을 다음과 같이 설명했다.

> "영업직원은 구매자와 함께 양사의 경계에서 활동하며 고객의 초기 및 지속적인 니즈 변화에 적응할 뿐만 아니라, 고객의 미래 욕구를 예상할 수 있는 최적의 위치에 있다."

## 인상 관리

가치를 공동으로 만드는 과정에서 대면 소통의 역할은 단순히 말의 교환에 국한되지 않는다. 미국의 사회학자 어빙 고프먼은 저서 〈일상생활에서의 자아 표현〉에서 상호작용 중 어떻게 다른 사람들의 마음에 특별한 인상을 만드는지 설명하기 위해 드라마를 인용했다. 이러한 맥락에서 영업직원은 무대 위의 배우로 볼 수 있다.

우리는 바쁘게 무엇을 하고 있는 모습이나 느긋하고 여유가 있는 이미지, 스포티한 모습부터 교양있고 지적인 모습까지 사회적 인상을 관리하고 있다. 이와 같은 행동을 고프먼은 '드라마의 실현'이라고 했다. 이를 통해 영업직원은 사교성, 타인에 대한 존중, 근면성 등 겉으로는 드러나지 않는 역량을 발휘한다. 우리가 '드라마의 실현'을 하는 이유는 일상에서 다른 사람에게 진지하게 받아들여지기를 원하기 때문이다. 경험이 풍부한 세일즈 전문가들은 진지하게 받아들여지기 위해 매우 열심히 일한다.

B2B 세일즈 전문가들은 고객에게 신뢰할 수 있고, 도움이 되며, 의지할 수 있고, 지식이 풍부하다는 인상을 심어줘야 한다. 이를 통해 파트너의 자격과 신뢰성을 확립할 수 있다.

## 가치 제안 전문가 되기

구매자 관점에서 영업직원과 핵심 거래처 관리자의 바람직한 특성을 파악하는 광범위한 연구가 진행되었다. 여기에는 정기적 접촉과 후속 조치, 제품 및 시장 지식, 고객 비즈니스에 대한 유용성, 관심 및 지원, 재치와 공손함, 성실함, 타인에 대한 참여 및 적응성 등이 포함된다.

이러한 속성들은 구매자가 비즈니스 과정에서 판매자로부터 기대하는 바가 무엇인지 설명하고 있다. 또한 다음과 같은 영업직원의 행동을 통해 고객 관점의 가치를 창출할 수 있다.

- 고객 가치 예측하기
- 구매 상황의 사회적 측면 이해하기
- 고객과 관련된 사항 이해하기

## 고객 가치를 예측할 수 있는 능력

우수한 세일즈 전문가는 시장에서 가치가 무엇인지 미리 파악하고 여러 이해관계자에게 중요하고 다양한 측면의 가치를 균형 있게 제공하는 데 능숙하다. 이러한 통찰력은 대부분의 세일즈 및 마케팅 교과서가 이야기하는 비즈니스 계획 및 관리를 위한 최선의 방법인 객관적인 조사와는 다른 접근 방식이다. 고전적인 방식의 비즈니스 계획 및 관리는 상황 분석, 목적과 목표 설정, 전략과 전술 수립, 효과 측정을 추구한다. 이것은 다음과 같은 질문을 통해 수립된다.

- 우리는 어디에 있는가?
- 우리는 어디에 있고 싶은가?
- 우리는 거기까지 어떻게 갈 것인가?
- 우리가 도착했는지 어떻게 알 수 있을까?

경쟁적 마케팅 전략에서는 PEST분석, 5 Forces분석, 앤소프 매트릭스, SWOT분석, 시장 세분화, 타겟팅, 포지셔닝, 마케팅 믹스 등의 의사결정 및 분석 도구를 사용한다.

B2B 거래는 단일 거래로만 일어나는 것이 아니라 여러 사건과 결합한다. 이는 B2B 회사가 완전히 모르는 시장에 진출하거나 새로운 고객과 처음 접촉하는 경우가 아니라면 반드시 광범위한 조사를 먼저 할 필요가 없다는 것을 의미한다. B2B 기업들은 학습하는 조직이며, 일반적으로 직원들이 해당 시장과 고객에 대한 많은 사전 지식을 보유하고 있다. 이러한 지식은 선제적인 전략적 가치 제공을 가능하게 한다. 선제적 가치 제안은 특정 시장에서 가치가 어떤 것인지 미리 잘 파악할 수 있는 능력이다. 이러한 관점에서 B2B 영업 임원은 자신이 담당하는 시장의 지적 관찰자로서 고객에게 어떤 가치가 부여될 것인지 능숙하게 추론할 수 있다.

기본적으로 경험이 풍부한 B2B 세일즈 전문가는 지식과 전문성, 긍정적인 관계 경험을 통해 고유하고 개인적인 고객 가치를 제공하는 방법을 직관적으로 알고 있다. 이는 결국 고객이 제품이나 서비스의 사용을 통해 가치를 판단하더라도, 무엇을 가치있게 여길지 미리 생각할 수 있음을 의미한다. 세일즈 전문가들은 마케팅 부서를 통해 이러한 암묵적인 지식을 다른 조직에 전달해야 한다. 우리는 이러한 경험을 바탕으로 다음의 가치들을 정렬하고 균형을 이루는 선제적 가치 판단을 할 수 있다.

- 고객을 위한 상업적 가치
- 공급자를 위한 상업적 가치
- 공급자에 대한 평판적 가치
- 양 당사자의 관계적 가치

서로 다른 유형의 가치를 동시에 고려할 수 있는 능력은 공급자와 고객의 상업적 니즈와 균형을 맞추고 처음 접촉하는 순간부터 관계적 가치를 육성하며, 가장 존경받는 고객과 일하고 평판 가치를 잘 관리하는 데 도움을 준다.

- 고객에 대한 상업적 가치에는 수익성 개선, 경쟁 지원 및 시장 출시 속도 향상 등이 포함된다.
- 공급자에 대한 상업적 가치에는 구매의 지속성, 수익성 개선, 고객의 계획에 대한 조기 참여 등이 포함된다.
- 관계적 가치에는 향후 공급자 및 시장에 대한 접근, 통찰력 및 정보에 대한 접근, 우대 등이 포함된다.
- 평판적 가치에는 유명한 브랜드와 일하고 현명한 상업적 판단을 내리는 것으로 알려지며 혁신가로 여겨지는 것이 포함된다. 유명 스포츠 브랜드가 마약 스캔들에 휘말린 스포츠 스타와의 후원 계약을 취소하는 것도 평판적 가치를 고려한 행동이다.

## 구매 상황의 사회적 측면을 잘 이해하는 것

공급자와 고객 간 거래는 상호작용 과정에서 발생한다. B2B 세일즈 전문가들은 사회적 상황을 읽고 올바른 방식으로 실행하는 능력을 보여준다. 이들은 네 가지의 고객 상호작용 단계를 직관적으로 인식한다(그림 3.1).

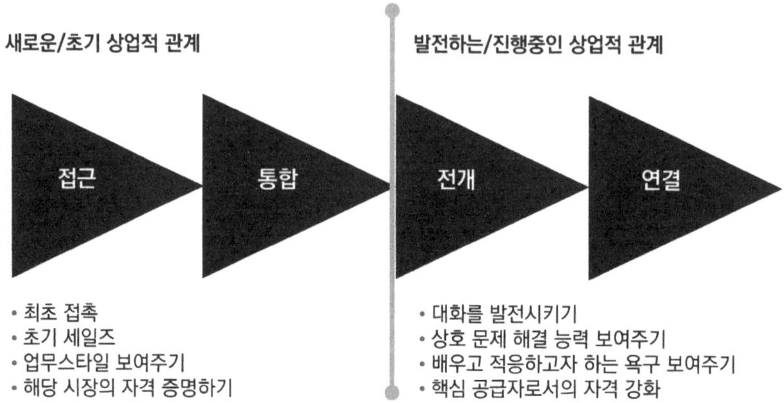


그림 3.1 공급자와 판매자 간 상호작용의 사회적 맥락

**접근**은 초기에 공급자가 고객과 접촉하는 단계로, 고객은 자신의 니즈와 잠재적 공급자를 인식하게 된다. **통합**은 고객으로부터 초기 세일즈를 하도록 공급자가 초대된 단계로, 공급자와 고객은 서로를 알아간다. **전개**는 공급자와 고객이 아이디어와 상업적으로 민감한 정보를 공유하는 단계이다. 시간이 지나면서 정기적으로 접촉하고 신뢰도 쌓여간다. **연결**은 영업직원의 적격성과 신뢰성이 고객의 마음속에 확실히 자리 잡는 단계로, 당사자 간 긴밀한 협조와 정기적인 업무가 진행된다.

공급자의 적격성과 신뢰성이 모든 부분에서 평가된다는 점에 유의해야 한다. 서비스 부족이나 품질 불량으로 언제든지 관계를 잃어버릴 수 있다. 어떤 실수는 용서될 수 있지만, 그것들이 계속 반복되거나 상업적으로 큰 손실을 일으킨다면 당연히 모든 관계는 무너진다.

이러한 장면은 충성 사다리와 구매 프로세스 모델과 같은 구매 및 관계 프로세스 모델로 결합할 수 있다. 충성 사다리는 고객과의 거래관계를 사다리에 비유한 것으로, 어떻게 고객이 사다리의 맨 아래에서 관계를 시작하고 공급자와 거래하는지 보여준다. 향후에 고객은 단골이 되고 결국 파트너 및 옹호자가 된다. 조버와 랭커스터의 구매 의사 결정 프로세스 모델은 고객이 니즈를 인지하고 대안을 검토한 후 최종적으로 선택하는 방법을 설명한다. 이러한 모델은 일반적으로 단계별 프로세스에서 발생하는 구매자의 유형과 행동들을 설명한다. 그러나 상호작용의 장면들은 이러한 유형들과 행동들이 일어나는 사회적 맥락을 묘사한다.

### 구매자-판매자 상호작용의 4가지 장면

**접근** 공급자와 구매자의 상호작용이 시작되는 장면이다. 경험이 풍부한 영업직원들은 신중하게 접근하며 판매보다는 대화를 시작하는 것에 의미를 둔다. 거래를 목적으로 하는 영업방식과는 크게 다른 상황이다. 이 단계의 목적은 고객에게 가치를 제공할 수 있다는 강한 인상을 전달하는 것이다.

**통합** 공급자와 고객이 잠정적으로 서로의 신뢰성을 판단하는 단계이다. 각 당사자는 지식, 권위, 진정성을 확보하려 한다. 전문 지식은 풍부해야 하며, 시장의 깊은 이해를 보여주는 비즈니스 토크를 통해 전문가로서의 역량을 내비칠 수 있다. 적격성과 신뢰성이 확인되면 구매자는 공급자를 잠재적 및 실제 공급자 풀에 넣는다. 공급자는 구매자 네트워크의 일부가 된다.

**전개** 상호 개방과 발견의 단계로, 당사자 간 대화가 이루어지는 단계이다. 현재 비즈니스 이슈에 대해 모두가 무엇을 의미하는지 쉽게 이해할 수 있다. 이 장면의 핵심은 탐색이다. 전개는 질문하고 상호 가치 창출에 참여하며, 솔루션을 공동으로 생성할 기회를 탐색한다. 이 단계에서도 솔직함은 매우 중요하다. 참가자들은 솔직하고 자유롭게 말하고, 비밀을 공유한다. 대화는 활기를 띠지만 고객에게 특정 제품이나 서비스의 혜택을 적극적으로 설득하려는 시도는 피한다. 만약 이때 규범과 가치가 어느 한쪽에 의해 잘못 읽히거나 지나치게 되면 관계 가치가 크게 훼손된다. 따라서 공급자와 고객 모두는 서로 독단적이거나 기만적이지 않으려고 한다.

**연결** 지속적인 관계 가치를 함께 만들어가는 단계이다. 경험 많은 영업직원들은 관계 마케팅과 상업적 현실을 명확하게 구분한다. 관계적 성향은 감사해야 할 상황이지만 공급자의 냉철한 목표와 목적을 간과해서는 안 된다. 영업직원이 관계적 가치를 쌓아가는 목표는 당연히 판매하기 위함이다. 이 상호작용 장면에서 공급자는 고객의 사업이 자신의 일인 것처럼 생각하고 행동하며, 고객이 속한 시장에서 어떻게 성공할 수 있는지 아이디어와 제안을 제공한다.

여기서 중요한 점은 고객마다, 상황마다 독특한 행동 방식이 있다는 것이다. 잠재 고객 탐색 단계에서 비공식적이고 친숙한 활동이 어떤 고객에게는 효과가 있을 수 있지만, 어떤 고객에게는 거절당할 수 있다.

고프먼은 다른 상황에서 우리가 어떻게 행동하길 바라는 것을 '상호작용의 지시'라 불렀다. 이것들은 기록되지 않고 적절한 행동으로 이해되는 규칙들이다. 경험이 부족하고 대본에 초점을 맞춘 영업직원들은 종종 다른 사람의 시간을 존중하지 못하거나 지식의 부족함을 드러내고, 고객의 판단을 비판하거나 서투른 농담을 하며 고객을 당황하게 한다.

사례를 하나 들어보겠다. 번화한 거리에 위치한 한 고급 소매점은 매장을 새롭게 배치하기 위해 인테리어 회사와 상담을 진행했다. 인테리어 회사의 영업담당자는 고급 소매점의 설계자 및 디자인팀과 오랫동안 우호적인 관계를 유지해오고 있었다. 그런데 한 정기 회의에서 구매 이사가 예고 없이 나타나 대화를 중단하고 영업담당자에게 프레젠테이션을 요구했다. 서로 아이디어를 탐색하던 회의는 순식간에 거래 초기에 가치 제안을 도출하는 자리로 전환되었다. 예상하지 못한 일이었고 준비할 시간도 없었기 때문에 당황스러운 상황이 연출되며 생산적인 결과를 얻지 못하게 되었다.

### 대화의 중요성

서비스 우위 논리는 가치 창출이 진행 중인 프로세스라는 사실을 강조한다. 즉 가치 제안은 실제로 고객 관계를 발전시키는 과정에서 나타나고 발달한다. 이를 가능하게 하는 핵심 메커니즘이 대화이다. 서비스 상호작용 중 소통과 가치 창출에 대한 학문적 관심이 새로운 것은 아니다. 이러한 상호작용을 통한 가치 창출은 현대 서비스 마케팅 연구 초기인 1970년대에 시작되었다.

최근 대화에 관한 관심이 공급자 일방의 소통에서 고객과 양방향 소통으로 이동했다. 리처드 베리는 일방통행 또는 일인극 같은 소통방식은 개방적이고 신뢰할 수 있는 관계를 촉진하는 데 거의 도움이 되지 않는다고 지적했다. 일방적인 소통은 듣기보다는 말하고, 협력보다는 설득을 통해 한 사람이 다른 사람에게 힘을 발휘하려는 특징을 보인다. 리처드 베리는 대화가 단순히 메시지를 보내고 피드백을 받는 것이 아니라 두 당사자가 상대방의 가치를 창출하는 과정에서 자신의 역할을 알기 위해 노력하는 과정이라는 점을 강조한다. 따라서 대화는 공급자와 고객 모두의 가치 시스템과 프로세스를 이해하는 데 필수적인 요소이다.

하젠은 대화를 다음과 같이 묘사했다.

"사람들이 상호성, 호혜성, 그리고 공동 연구에서 서로 말하고 들을 때 발생하는 질문의 방법과 변화 과정은 그들이 공유한 현실을 변화시킨다."

밸런타인과 연구진은 가치의 공동 생성이 대화와 지식 공유의 필요성에 의존한 '논리적으로 호혜적인 가치 제안'에서 시작된다고 설명했다. 이때 중요한 점은 일방의 의사전달이 아닌 양방향 소통의 과정이다. 2011년 스웨덴 린셰핑 대학교 크리스티안 코발코프스키는 '가치 제안의 역동성: 서비스 우위 논리로부터의 통찰력'에서 가치 제안을 얼어붙은 것이 아니라, 일시적이고 유동적이라고 했다. 가치 제안은 고객이 현재 느끼는 가치와 공급자와 고객 간 관계 및 시간을 반영하기 위해 유연해야 한다.

그렇다면 현실의 세일즈 전문가들은 고객 가치를 실현하기 위한 대화를 어떻게 설명할까? 우리가 인터뷰한 사람 중 몇 명은 이렇게 응답했다.

제품 개발 센터에서 근무하는 소피는 고객의 가치를 실현하기 위해 고객에게 중요한 친구가 되기 위해 노력했다.

"고객은 나를 믿는다. 나는 그들의 성공을 바라며 그들에게 도전한다. 그들은 우리와 함께 프로그램을 개발하면서 많은 발전을 이루었다."

사무실 수리 및 재단장하는 사업을 하는 이안은 고객과의 대화를 통해 고객 가치를 실현하려는 모든 아이디어를 다음과 같이 요약했다.

"나아가야 할 방향을 아시죠? 이제 함께 목적지를 향해 비행할 시간이에요."

B2B 영업은 가치를 실현하는 과정에서 고객과 함께하는 시간이 중요하다. 관계 시계를 다시 설정하면 함께한 시간 동안 누적된 관계를 다시 처음으로 되돌리는 것이 된다.

## 고객과 관련된 사항을 잘 이해하기

브랜드 관련성에 대해 이야기한 데이비드 아커와 경쟁 우위를 창출하기 위해 관련성을 어떻게 활용할 수 있는지 언급한 앤디 코빌은 영업과 마케팅이 고객과 관련성을 가져야 한다고 주장한다. 하지만 관련이 있다고 말하는 것은 실제로 무엇을 의미할까?

- 고객만이 자신과 관련된 항목을 선택할 수 있다.
- 시간이 지남에 따라 관련성이 변경될 수 있다.
- 관련성은 고객의 상황에 따라 다르다.
- 관련성을 이해하는 것은 대화에 달려 있다.
- 관련성에 대한 이해는 영업직원의 경험과 정보에 입각한 해석에 따라 달라진다.

관련성 창조는 가치학의 기초가 되는 필수적인 능력이다. 고객과 관련이 있는 것을 인식하고 공급자가 제공하는 솔루션과의 관련성을 이해하는 것은 가치를 실현하는 과정에서 큰 차이를 만들어내는 B2B 영업직원의 능력이다. 또한 이것은 양질의 고객 피드백을 마케팅 전략에 반영하기 위한 필수요소이다.

### 관련성이 고객 혜택을 구체화한다

혜택이라는 단어는 세일즈 및 마케팅 활동의 모든 측면에서 널리 사용된다. 대부분의 세일즈 및 마케팅 전문가는 고객 혜택이라는 용어에 익숙하며, 기능을 혜택으로 전환하는 것이 이들의 존재 이유 중 하나이다. 교과서와 경영 컨설턴트들은 혜택을 판매하라고 한다. 따라서 세일즈 및 마케팅 전문가는 휴대폰의 메모리 크기 및 운영 체제와 같은 것이 무엇인지 설명하는 대신 솔루션이 고객에게 어떤 도움을 주는지 설명하도록 교육받는다. 소비자 세계에서는 우리 제품이 여러분을 행복하게 해줄 것이고, 비즈니스 세계에서는 우리가 제공하는 솔루션이 여러분 회사의 경쟁력, 시장 진출 속도 향상, 그리고 더 많은 수익을 올릴 수 있도록 도울 것이다.

혜택이라는 단어는 가치를 공급자가 미리 제공하고, 고객과 함께 창출하는 것이 아니라 교환하는 것이라는 생각에 가두어 버린다. 그러나 관련성 창조는 고객에게 선제적 가치 정보를 제공하는 것이다. 관련성 창조를 통해 영업직원은 고객에게 가치가 무엇인지 설명하려고 하지 않고도 가치를 제안할 수 있다. 영업직원이 고객 가치를 고려하여 선제적 가치를 만들지만 실제로 그 가치가 무엇인지는 고객이 결정한다.

1980년 테드 레빗은 '차별화를 통한 마케팅 성공'에서 고객에게 관련 있는 것을 제공하는 대신 의미 있게 다른 것을 제안하는 공급자를 언급했다. 하지만 오직 고객만이 그들과 관련된 것을 선택할 수 있다.

관련성 창조는 사람들이 새롭고 다른 것들을 어떻게 알아차리는지 불가분의 관계에 있다. 사람들은 관심을 끄는 어떤 것을 알게 되는 즉시 자신과 어떤 관련성이 있는지 알아내려고 노력한다. 미들섹스 대학교 빌리 클라크는 저서 〈관련성 이론〉에서 다음과 같이 말했다.

"세상을 보고, 듣고, 느끼는 것처럼 우리는 관련성을 찾는다."

관련성이란 고객이 공급자를 선택하는 방식을 의미한다. 1912년 실러는 논문 '관련성'에서 관련성을 다음과 같이 정의했다.

"관련성은 모든 것을 포함하려는 시도가 아니라 비관련자들을 제거하고, 인간적으로 가치 있는 부분을 선택하고 나머지는 배제, 거부 또는 무시하려는 노력의 일환이다."

현대 마케팅에서 관련성은 수많은 공급자의 소음을 차단하고, 의미 있는 가치 제안을 식별하기 위해 사용하는 것이다. 산업용 창호 제조회사 CEO 알프는 초기 공급자의 접근 방식에 대해 다음과 같이 이야기했다.

> "가치 제안을 받게 되면, 그것이 우리 회사, 고객, 주주에게 가치를 더할 것으로 기대한다. 무언가를 하기 위해서는 가치를 더해야 한다."

공급자는 고객에게 관련성을 강요할 수 없다. 고객과의 관련성은 고객이 선택한다. 고객은 다음과 같은 방법으로 관련성을 판단한다.

**가치가 있다 or 없다** 고객은 제안된 솔루션 및 영업직원이 가치가 있는지를 판단한다.

**직면한 문제와 관련됨** 공급자의 가치 제안이 고객의 문제와 관련된 것이어야 한다. 그런 의미에서 공급자는 명확하게 특정 문제 또는 이슈와 관련이 있고, 상황에 민감하고, 시장 지식과 전문성을 입증할 수 있어야 한다. 고객이 당면한 문제는 즉각적인 위기이거나 장기적으로 전략적인 문제일 수 있다.

**기능** 가치 제안서가 원하는 목표를 달성할 수 있는 확실한 잠재력이 있음을 의미하며, 이는 결국 대화를 통해서만 알 수 있는 고객의 우선순위를 명확하게 파악해야 한다.

요약하자면, 가치 제안서와 제안자는 고객에게 제안서에 가치가 있는 정보가 포함되어 있다는 것을 알려야 한다. 관련성은 고객이 당면한 문제, 즉 시급한 문제 또는 전략적으로 중요한 문제에 초점을 맞춘다.

## 가치학을 구축하기 위한 관련성 창조 역량 활용

우리는 고객 가치를 실현하는 데 사용되는 관련성 창조 역량의 필수적인 각 측면을 모델링할 수 있다. 이것은 공급자와 고객이 상호작용하는 방식과 분위기이다.

**상황 인식** 공급자는 특정 상황과 고객의 가치가 언제든지 변할 수 있다는 사실을 깨달아야 한다. 고객의 상황을 이해한다는 것은 고객이 손에 쥐고 있는 문제를 이해하는 것을 의미한다.

**고객 의견 존중** 공급자는 고객에게 가치가 의미하는 바에 대한 자기 생각을 강요할 수 없다. 이를 강요하게 되면 공급자는 고객으로부터 무례하고 신뢰할 수 없다는 인상을 주게 된다.

**대화를 통해 생성** 관점과 우선순위에 대해 개방적이고 솔직하게 의견이 공유되지 않으면 진정한 상호 호혜적 가치를 달성할 수 없게 된다.

**해석 및 연결** 가치의 의미가 주관적이기 때문에 가치와 관련성의 정의를 해석해야 한다. 이를 통해 고객의 문제 및 비전과 공급자가 제공할 수 있는 잠재적 해결책을 연결해야 한다.

## 가치학의 예술

고객 가치를 실현하는 행위를 '가치 제안 전문가의 행위 예술'로 표현한다. 이 공연 예술은 가치학의 중요한 측면이다. 세일즈 전문가의 성과를 이끄는 사회적 기술과 능력은 예술 공연의 본질적 측면인 연기, 관찰, 말하기로 구성된다.

**연기** 세일즈 전문가가 행동하는 방식을 의미한다. 자신이 처한 상황을 인식하고 다양한 이해관계자의 가치 균형을 맞추며, 가능성과 대안을 제시해 설득하기보다는 제안한다.

**관찰** 세일즈 전문가가 고객의 상황을 이해하는 방식을 의미한다. 이들은 고객의 문제를 해결책과 연결하고 적용 가능성을 탐색하며, 현재 새롭게 추구할 가치가 어떻게 보일지 추측한다.

**말하기** 세일즈 전문가가 소통하는 방식을 의미한다. 그들은 신뢰, 공손함, 정직함과 같은 관계적인 행동을 통해 대화를 촉진한다.

## 결론

우리는 가치 제안의 개념과 공급자에 의한 가치 제안을 예술에 비유하여 설명했다. 가치 제안 전문가는 지속적인 제안 및 관계 발전 과정에 필요한 사회적 역량을 보여준다. 이것이 가치학의 예술이다. 여기서 핵심은 가치 제안이 상업적 혜택만큼이나 고객에게 어떻게 전달되는지가 중요하다는 것이다.

영국에 본사를 둔 전자 게임 회사 스톰 게이밍의 회장 스티브 머리는 사람들이 첫 만남에서 몇 초 만에 개인적인 가치 판단을 내린다는 점에 주목했다. 그는 가치 제안 전문가를 설득력 있는 외교관이라고 묘사했다. 이에 더해 개인의 외모, 옷차림, 행동에 관심을 기울이는 사람, 정보를 알아내고 듣는 사람, 대화 상대에게 진실하고 세심한 관심을 기울이는 사람이라 표현했다. 이러한 사람들은 제안의 관련성을 지속해서 감지하고 자신의 스타일과 접근 방식을 고객에게 맞게 조정함으로써 고객이 마치 자신이 관심의 대상인 것처럼 느끼게 한다. 또한 그는 가치 제안 전문가를 회사의 제안과 고객이 원하는 것을 연결하는 사회적 접착제라고 설명했다.

세일즈 전문가는 회사의 경쟁력 측면에서 분명한 차이를 만든다.[5] 이는 단순히 고객을 알고 고객 기반으로 접근할 수 있기 때문만은 아니다. 그들이 가진 사회적 역량은 상호작용을 하는 모든 사람에게 똑같이 적용되지 않는다. 그런 점에서 가치 제안 전문가의 능력은 동적 역량[6]이라고 할 수 있다. 이러한 역량은 고객과 시장이 예측하기 어렵고 변화하기 어려운 상황에서 고객의 요구에 맞게 회사 내부의 리소스를 조정함으로써 기업을 차별화한다.

**연습 7: 고객이 여러분을 가치 제안 전문가로 진지하게 받아들이도록 하려면 어떻게 해야 할까? 특정 고객을 생각해 보자.**

- 위에서 배운 내용을 토대로 고객과의 사회적 상호작용 단계와 관련된 바람직한 행동과 바람직하지 않은 행동을 작성해 보자.
- 사회적 상호작용 단계에서 고객이 당면한 문제와 자신을 차별화하는 요소를 고려하여 선제적 가치를 작성해 보자(그림 3.2).

5 캐슬린 아이젠하트와 제프리 마틴은 '동적 역량: 그것은 무엇인가??'에서 우수한 영업 인력이 가치 창출 전략의 핵심이라고 언급했다.

6 UC버클리대 경영학 교수 데이비드 티스에 의해 제시되었다.

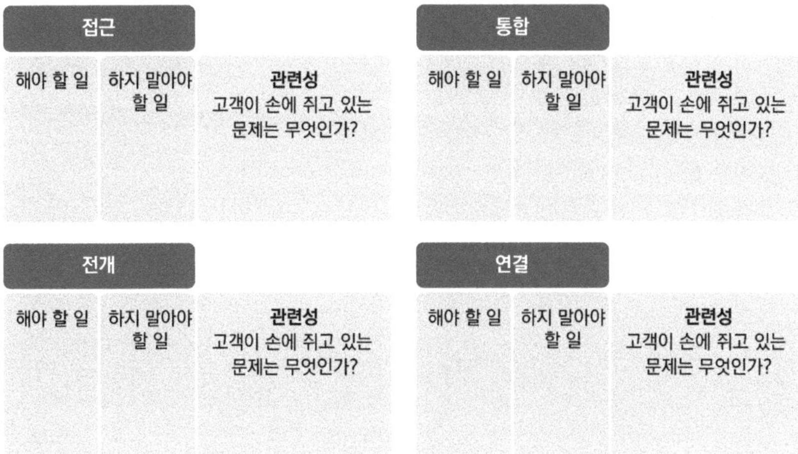


그림 3.2 고객 상호작용의 사회적 맥락 매핑

이 분석의 시사점을 논의해 보자.

- 시장 및 고객 지식에 관하여 누락된 부분이 있는가?
- 우리의 가치 제안을 고객이 진지하게 받아들이게 하기 위해서 변경되어야 할 업무 방식이 있는가?

P/A/R/T

# 2

## 가치학의 청사진 만들기

# 제4장

# 고객 가치 발굴하기

**✱ 이 장에서 학습할 내용**

- 가치 제안에 대한 테마 기반 접근이 뛰어난 이유
- 고객에게 영향 미치는 주요 주제 및 문제 접근법
- 무엇이 변화를 가져오는지에 대한 이해
- 고객 정보를 수집하는 혼합적 접근법
- 고객 인터뷰 활용 팁
- 결론

고객으로부터 필요한 것과 원하는 것이 무엇인지 파악하는 것은 쉽지 않다. 고객에게 물어볼 수 있겠지만 정작 고객은 어떤 문제가 있는지, 혹은 문제를 해결할 가능성이 있다는 것조차 모르는 경우도 많다. 그래서 적절한 질문, 데이터 분석 등을 바탕으로 고객의 필요와 욕구를 잘 이해하는 것이 문제해결의 비결이다. 3장에서 살펴본 것처럼 우수한 영업팀은 고객의 문제를 잘 발견하고, 고객 입장에서 어떤 일이 진행되는지 파악하는 역량을 가지고 있다. 따라서 가치 제안 개발 및 가치 탐색을 위한 대화에 영업팀이 처음부터 관여하면서 고객 가치를 파악하는 것은 매우 중요하다.

이번 장에서는 테마 기반 접근방식이 마케팅과 세일즈의 성공을 어떻게 개선하는지, 그리고 고객과 함께 공감하는 테마를 어떻게 개발하는지에 대해 설명한다. 또한 고객 문제를 해결하는 몇 가지 아이디어들도 공유한다.

그림 2.1에서 소개한 가치 제안 체계로 돌아가 보면, 가장 상위의 목표는 개인에게 맞는 고객 가치 제안을 개발하는 것이다. 앞서 이야기한 것처럼 적절한 의견을 제시하고, 고객에게 전달하는 가치 제안은 그야말로—MUSICAL해야 한다.

**금전적 계산 M**onetary calculation - 재무적 이익에서 비용을 빼는 금전적 계산
**고유함 U**nique - 경쟁사와 차별화되는 요소
**지출 S**pend(**비용**costs) - 고객이 얼마를 지불할 준비가 되어 있는지
**영향 I**mpact - 고객 조직에 긍정적인 영향을 미치는 방식
**역량 C**apability - 이런 효과를 고객에게 제공할 수 있는 역량
**정렬 AL**igned - 고객의 요구사항들에 맞춰 정렬하기

고객 가치를 제안하는 방법 MUSICAL은 고객을 시스템적으로 접근하도록 돕는다. 요소 대부분 고객과 관련되어 있으며 고유함과 역량은 회사의 조직과 관련이 있다. 매력적인 가치 제안은 고객과 고객이 속한 회사와 산업, 그리고 자사에 대한 이해가 동반되어야 한다.

가치 제안 체계를 보면 아래로부터 위 단계로 올라감에 따라 각 수준에서 무엇이 필요한지 알 수 있다. 우선 이 작업을 수행하기 전에 테마 개발이 왜 중요한지부터 살펴보자.

## 테마 개발이 중요한 이유

테마는 고객이 직면한 문제에 대해 고객의 마음을 잡는 아이디어로 고

객 커뮤니케이션과 솔루션을 형성하는 방법이다. 즉 테마 개발을 통해 고객 비즈니스 문제의 본질을 이해하고, 이에 대한 해결책을 제시할 수 있다.

테마 개발은 예술이면서 과학이다. 이는 영업팀과 마케팅팀의 지식과 기술에 의존한다. 테마 개발을 위해 사용되는 생각의 기술을 청킹Chunking이라고 한다. 청킹은 의미있는 정보를 서로 연결하는 과정이다. 테마가 카테고리의 제일 상위에 있고, 다른 것은 그 아래 범주에 속하게 되는 구조로, 테마를 만들기 위해 고객 개별 솔루션부터 시작해 점차 상위개념으로 발전시킨다. 유사한 접근방식이 바로 브랜드 만들기이다. 포드, 켈로그 등은 상위 브랜드로 대표성을 가진 엄브렐라 브랜드Umbrella brand[7] 역할을 한다. 포드는 링컨, 머스탱, 익스플로러 등의 하위 브랜드를, 켈로그는 에고, 프링글스, 키블러 등의 하위 브랜드를 갖고 있다.

샘 햄 교수의 연구에 따르면 변화를 주고 싶다면 테마를 사용하라고 한다. 사람들은 테마를 잘 기억하는 반면, 디테일은 잊어버리기 때문이다. 한편 고객에게 노출되는 콘텐츠의 폭발적 증가로 핵심 메시지를 기억하는 것은 더욱 어려운 과제가 되고 있다.

샘 햄 교수의 연구는 고객에게 큰 그림을 빠르고 쉽게 전달 데 도움이 된다. 물론, 우리가 2장에서 지적했듯이, 피해야 할 함정이 있다. 너무 일반적이거나 공감하기 어려운 주제를 고르는 것이다. 두 번째는 가치 제안 체계의 위로 이동할 때 서로 다른 맥락을 추가할 수 없는 제한적인 주제를 선택하는 것이다.

7 한 우산 아래 여러 제품이 모여있는 것을 비유한 것이다. 즉 모브랜드 역할을 하는 것으로 여러 제품군이 하나의 단일 브랜드를 사용한다. 패밀리 브랜드로 지칭되기도 한다.

### 핵심 가치 제안 테마를 만드는 방법

샘 햄 교수가 테마 개발에 기여한 점은 바로 창의성이다. 경쟁자와 똑같은 데이터를 사용해도 해석을 창의적으로 하여 차별화할 수 있다. 고객의 마음을 사로잡는 독특한 테마나 패턴은 고객에게 더 많은 혜택을 제공한다. 테마를 체계적으로 그리고 창의적으로 사용하면 고객들의 인식이 달라진다. 코카콜라는 행복을, 마이크로소프트는 높은 생산성을, 애플은 단순함을, IBM은 불확실한 세상에서 위험 낮추기 등의 테마를 사용하는데 이것들은 고객의 마음속에 강하게 인식되어 있다.

테마를 개발하기 위해서는 어떻게 해야 할까? 우선 테마 분석의 원칙을 따를 것을 권장한다. 이것은 데이터 내에서 패턴을 식별, 분석 및 보고하기 위한 연구 방법으로 데이터 전체에서 발생하는 반복적인 테마를 검색하는 작업이 포함이 포함된다.

비즈니스 리서치를 하는 사람들은 직관적으로 이러한 접근 방식을 사용한다. 반복되거나 흥미로운 주제를 찾기 위해 충분한 데이터 수집이 필요하다. 흥미로운 주제를 꼭 선택할 필요는 없다. 고객에게 확실하게 영향을 미치는 테마를 선택하고, 해당 테마에 내재된 문제를 해결할 수 있어야 한다. 또한 상황이 변할 수도 있기 때문에 가능한 오래 지속될 테마를 선택하는 것이 좋다. 예를 들면 민첩성, 고객의 기쁨 등은 성수기뿐만 아니라 불황기에도 좋은 테마이다. '어려운 시기에 대처해 살아남을 수 있는 이유'는 불황기에 관심을 불러오고, '고객을 성장하게 하는 방법'은 경제 회복과 관련이 있다.

테마는 다음과 같아야 한다.

- 비즈니스 문제에 기반한다.
- 고객의 공감을 얻어야 한다.

• 문제 해결을 위한 솔루션을 제시한다.
• 오랫동안 지속될 수 있는 주제이다.
• 주제와 제품을 수용해 테마 효과를 극대화한다.

테마를 선택하는 것은 크게 마케팅 활동이라 볼 수 있다. 즉 영업사원에게 시장에서 보고 들은 내용을 요청하고, 고객관계관리 시스템에 있는 관련 데이터를 사용하면서 적절한 테마를 선택한다. 물론 영업사원이 현재 고객이 직면한 문제를 알고 있는 경우에 해당된다. 그렇다면 고객이 중요하게 느끼는 테마와 흥미롭지만 실행할 수 없는 테마가 있다고 할 때 어떻게 구분할 수 있을까?

테마 선택에 도움이 되는 3가지 핵심 요소가 있다.

1. 영향력: 이 테마가 얼마나 큰 영향을 미칠 수 있나?
2. 긴급성: 고객이 얼마나 긴급한가?
3. 기회의 크기: 비즈니스 기회의 종류와 크기

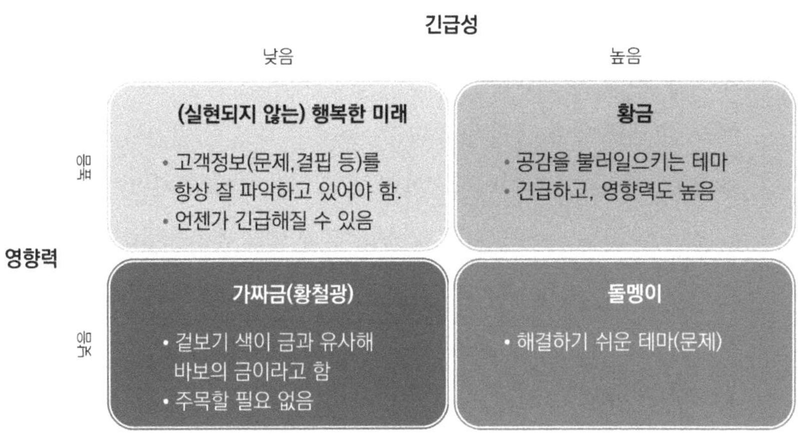


그림 4.1 영향력 긴급성 매트릭스 기회 모델

그림 4.1의 모델은 우선순위를 파악하고 고객 테마를 선택하는 데 도움을 제공한다. 예를 들면 가장 먼저 목표로 해야 하는 곳은 영향력과 긴급성이 모두 높은 금덩어리 영역이다.

## 고객 정보수집을 위한 혼합적 접근법

앞에서 테마 기반 접근방식의 중요성을 설명하였다. 그럼 고객 정보를 얻으려면 어떻게 해야 할까? 다양한 유형의 데이터 수집을 위한 여러 조사 방법이 있다.

- 2차 연구: 책상 위 연구라고도 알려진 2차 연구는 이미 생산된 기존 데이터를 수집하는 것이다. 보조 데이터는 인터넷, 신문, 회사 보고서, 정부 기관이나 무역협회 등의 보고서나 연구자료가 있다.
- 고객 정보 수집을 위해 먼저 2차 연구부터 진행해야 한다. 즉 우리 조직 외부에 어떤 자료가 있는지 찾아보며 2차 자료 및 데이터를 창의적으로 해석할 수 있어야 한다. 이를 통해 고객에 대한 독점적 우위를 얻을 수 있다.
- 목표 고객층이 누구인지에 따라 수집할 자료의 원천도 달라진다. 〈이코노미스트〉, 〈파이낸셜타임스〉, 〈월스트리트저널〉, 〈하버드 비즈니스 리뷰〉 등의 저널은 소비자 문제를 주요 기사로 다룬다. 한편 가트너, 포레스터 리서치 등은 기술에 중점을 두고, 〈마케팅 위크〉는 마케터에게 좋은 통찰력을 제공한다.
- 1차 연구: 현장 조사라 알려진 연구로 설문지를 이용하거나 포커스 그룹 인터뷰 등 새로운 데이터를 수집하는 것을 포함한다. 다만 비용이 많이 들 수 있기 때문에, 먼저 2차 연구를 통해 몇 가지 질문에 답하면서 가설과 실제의 차이를 좁힐 수 있다. 또한, 연구에 고

객을 참여시켜 통찰력을 얻을 수도 있다.

- 양적 연구: 수치상으로 접근하는 방법이다. 객관성에 기반하기에 설문조사 등을 통해 수집된 데이터의 활용에 중점을 둔다. 양적 연구에서는 추세, 숫자 등을 수집하는데 주로 '몇 개', '얼마나 자주', '언제', '어디서' 등의 질문으로부터 시작한다.
- 질적 연구: 특정 주제, 이슈에 대해 타깃그룹의 행동 범위와 인식, 속마음 등을 파악하기 위해 사용된다. 대면 인터뷰, 포커스 그룹 인터뷰 등은 제품, 시장, 고객에 대한 중요한 통찰력을 제공한다. 즉 사람들이 생각하는 것뿐만 아니라, 왜 그렇게 생각하는지까지 알아내려는 방법이다. 목표로 선정한 사람들의 동기, 감정을 이해할 수 있게 그들의 마음을 알아야 한다. 심층적 반응을 알기 위해서는 대면 인터뷰나 그룹 토론이 좋은 방법이다. 질적 연구는 신제품을 개발하거나, 새로운 마케팅 계획을 세울 때, 그리고 고객 반응을 테스트할 때 주로 사용한다.

| 2차 연구 | 1차 연구 | |
|---|---|---|
| **제3자가 작성한 주요 테마와 트렌드 리뷰**<br>▶ 가능한 출처:<br>-산업연구 보고서, 애널리스트 브리핑, 무역 관련 보고서, 비디오 인터뷰, 연간보고서<br>-고객서비스, 세일즈 인터뷰 등 고객에 대한 2차 정보 | **1:1인터뷰, 관찰, 포커스그룹인터뷰, 문화기술적 연구 등**<br>▶ 가능한 출처:<br>-소비자와 1:1인터뷰나 비공식적 대화, 포커스그룹 인터뷰, 현장관찰 | **질적 연구** |
| **제3자 통계나 데이터**<br>▶ 가능한 출처:<br>-정부기관 통계, 산업체 통계, 리서치 회사 자료 | **맞춤형 서베이, 질문, 시뮬레이션 등**<br>▶ 가능한 출처:<br>-온라인 서베이, 웹사이트 질문, 고객만족 질문, 실험, 웹/소셜 미디어 메트릭스 | **양적 연구** |

그림 4.2 고객 정보 수집을 위한 혼합적 접근 방식

## 특정 산업 또는 세부 시장 연구

혼합적 접근법은 가치 제안 체계의 각 수준을 찾아내기에 적합한 방법이며, 고객과 가까워질수록 조사 방법과 자료 출처가 달라진다. 민첩성을 테마 중 하나로 선택한 경우, 고객 세그먼트 또는 섹터 수준에서는 어떻게 해야 할까? 예를 들어 자동차 제조업에서 민첩성에 관한 주요 문제는 무엇일까? 민첩성을 측정하는 데 사용하는 주요 성능 지표는 무엇일까? 이 주제에 맞는 다른 섹터별 이슈는 무엇일까?

이전에 수행한 분석의 일부 정보를 사용해서 테마를 파악할 수 있다. 유가나 세계 경제 상황과 같은 거시적인 요인들이 자동차 제조업자들에게 영향을 미친다. 조금 더 세부적이고 특정한 정보들은 자동차 제조업체 및 무역 협회 또는 소매 자동차 산업 연맹과 같은 산업 기관에 문의할 수도 있다.

모든 분야에는 그 분야의 전문적인 분석가나 리서치 회사들이 있다. 통신 및 IT 분야에서는 포레스터, 가트너와 같은 기업들이, 소매조사는 버딕트, 소비재 시장은 민텔과 같은 회사들이 보고서를 제공한다.

한편 개별조직과 사람에 초점을 맞추게 되면 연구의 성격도 변한다. 누가 이 섹터를 선도하고 있는가? 우리 회사는 그들과 얼마나 잘 연결되어 있는가? 여기서는 어떤 방식으로 구매하는가?

테마는 마케팅과 세일즈가 일하는 방식도 바꾼다. 영업직원들은 대부분 영업 현장에서 고객과 접촉하고 있기에, 고객의 여러 정보를 많이 알고 있다. 따라서 테마를 개발하는데 고객과 밀착된 영업팀과 긴밀하게 협업하는 것이 매우 중요하다.

## 고객사 및 개인 수준의 조사

가치 제안 체계의 상위 단계로 올라가면 고객사 전체와 개인의 문제들을 잘 이해하기 위한 세분된 조사가 중요하다. 이걸 알아야 모두가 공감할 수 있는 적절한 고객 가치 제안을 개발할 수 있다.

앞서 소개한 〈파이낸셜타임스〉, 〈이코노미스트〉 등과 같은 저널은 각 기업의 이슈와 성과에 대한 통찰력을 제공하며 그중 일부는 개별 기업의 실적에 대한 해설을 제공하기도 한다. 인베스터스 크로니클과 같은 웹사이트는 회사 및 실적에 영향을 미치는 문제에 대한 설명과 함께 동향 및 성과 정보를 제공한다.

만약 당신이 이 같은 신뢰할만한 매체를 통해 정기적으로 정보를 제공받는다면, 비즈니스에 좋을 기회를 얻게 될 수도 있다.

예를 들어 한 페인트 회사가 매출을 늘리고 업계 최고의 위치를 유지하기 위해 시장에 혁신을 가져오는 속도를 높이고자 한다면, 이것은 페인트 회사의 민첩성에 관한 문제이다. 이 두 가지 목표의 가치 제안을 도출하기 위해서는 다음 사항을 이해해야 한다.

- **M** - 솔루션이 제공할 수 있는 혜택의 금전적 가치를 달성하는 방법
- **U** - 경쟁사보다 이점을 더 잘 제공할 수 있는 자사의 고유한 기능
- **S** - 고객이 지불할 준비가 되어 있는 정도
- **I** - 고객에게 긍정적인 영향을 미치는 방식
- **C** - 이러한 영향을 미치는 데 도움이 되는 기능은? 단순한 제품이 아니라, 여러분이 가지고 있는 일련의 기술일 수 있다.
- **AL** - 요구에 대응하여 가치를 제공하는 무언가를 개발할 수 있는 주요 고객 요구 사항

이 단계에서 마케팅은 고객사 수준뿐만 아니라 담당자 개인에게 의미 있는 가치를 제안하기 위해 많은 에너지를 투입해야 한다. 따라서 고객에 관한 조사는 시장보다 사람에 대해 더 큰 노력을 기울이게 된다. 거래처의 핵심 인력은 누구인지, 우리는 그들과 어떤 관계를 맺고 있는지, 고위 경영진 중 주요 담당자를 알고 있는 사람이 있는지, 그들이 직면한 문제는 무엇인지 파악해야 한다.

영업직원들은 사람에 대한 정보를 수집하고 분석할 수 있도록 교육받았을 가능성이 높다. 의사결정에 관여하는 사람, 의사결정 프로세스 및 의사결정에 영향력을 행사하는 사람을 이해하는 것은 비즈니스 성공을 위해 꼭 알아야 할 사항이다. 이때 마케팅은 세일즈가 고객과 공감할 수 있는 가치 제안을 할 수 있도록 지원해야 한다. 여기서 우리는 **MUSICAL** 제안이 고유함과 역량에 도움이 된다는 사실을 다시 한번 상기한다.

## 단지 제품에 관한 것만은 아니다

60% 이상의 세일즈 및 마케팅 담당자들은 '제품이 중요하다'는 질문에 답하는 데 어려움을 겪고 있다.

여기서 우리는 2가지의 시사점을 찾을 수 있다. 첫 번째, 영국 크랜필드 경영대학의 말콤 맥도널드 교수에 따르면 고객 가치 기반 접근방식을 취하는 것 자체가 우리 제품을 독특하고 경쟁우위에 있게 만든다는 점이다. 두 번째, 포레스터의 연구에 따르면, 고위 경영진의 16%만이 우수한 제품 때문에 솔루션을 구매했다고 응답했다. 따라서 단지 제품 하나만으로 경쟁력이 확보된다고 생각하지 말아야 한다.

근시안적 시각에 대해 독특함이 의미하는 바를 생각해보자. 사전적 정의는 '독특한', '유일한'의 뜻이다. 그런데 사실 독특한 것을 찾기는 매우 어렵다. 우리가 관찰한 바에 따르면 기업들은 고객 관점이 아닌 자신의 관점에서 독특한 것이 무엇인지를 설명하고 있다. 웹사이트, 프레젠테이션 등을 보면 '우리는 x개의 사무실 있고, 동급 최강이고, 최고 서비스를 제공하고, y명의 직원이 있고, 네트워킹도 좋다'라는 식으로 이야기한다. 이것이 정작 고객에게 어떤 가치를 주는가?

## 독특함이 당신을 유용하게 만드는 것은 아니다

우리는 '독특하다는 사실이 유용하다는 걸 의미하지 않는다'는 걸 이야기하고 싶다. 그 독특함이 쓸모 있으려면 고객에게 어느 정도 유용성 또는 관련성이 있어야 한다. 만약 고객이 생산성을 향상하고 싶다면 당신의 솔루션은 이를 달성하는 방법으로 가치 제안을 하게 된다. 고객은 생산성이 중요하다고 했기 때문에 중요한 구매 기준 중 하나는 서비스일 것이다. 따라서 고객은 제품 외 가동시간, 수리 서비스, 기술지원 등에도 관심이 많다. 이 경우 가동시간, 수리, 기술지원과 관련된 서비스 역량을 통해 생산성 향상을 제공할 수 있는 것에 고유성이 부여되어야 한다. 즉 고객의 '왜 당신과 일해야 하는지'에 대한 질문에 '고객 근처에 많은 지점과 엔지니어가 있어 빠른 현장 지원을 할 수 있다'는 것이 높은 가치가 될 수 있다. 가격 경쟁보다는 가치를 연결해야 하는 이유가 바로 여기 있다. 따라서 '제안 단계에서 누구와 경쟁하는가'라는 질문을 통해 경쟁자와 차별화된 가치를 제공하기 위해 노력해야 한다.

## 고객 편익을 위한 경쟁 – 제안 수준

테드 레빗 교수는 〈하버드 비즈니스 리뷰〉 기사 '마케팅 근시안'을 통해 기업들이 다른 관점을 가질 것을 제안했다. 이 접근방식은 제품이 아니라, 소비자 편익의 중요성을 이야기한다. 또한 조직이 경쟁자를 분석하는 데 도움이 된다. 레빗 교수는 미국 철도의 종말을 사례로 인용하면서 단지 철도업이란 관점으로만 생각했고, 좀 더 넓게 운수업이란 사업으로 정의하지 못한 것을 근시안이라고 꼬집었다.

MIT에서는 보스턴 얼음 회사의 폐업 사례도 흥미롭게 전하고 있다. 이 회사는 보스턴 만에서 얼음을 만들어 여러 지역으로 판매했지만 냉장고의 등장으로 사라졌다. 소비자는 얼음이 필요한 것이 아니라, 음식을 오랫동안 신선하게 보관하는 것이 필요했기 때문이다. 만약 이 회사가 음식을 더 신선하게 유지하는 솔루션을 제공했더라면, 운명이 달라졌을 것이다.

### 고객 편익을 제공하는 새로운 방법

빠르게 발전하고 변화하고 있기 때문에 경쟁자가 어디에서 출현하는지 파악하기가 더 어려워지고 있다. 에어비앤비와 우버가 기존 시장을 완전히 흔들며 새로운 비즈니스 모델로 부상한 사례가 대표적이다. 따라서 새로운 기술과 비즈니스 모델이 세상에 어떤 영향을 미치는지, 또 어떤 새로운 기회를 제공할 수 있는지 확인해야 한다. 고객 편익 관점에서 바라본다면 새로운 기회를 찾을 수 있다.

아래 내용을 동료들과 토론하고, 다음 사항들을 정리해 보자.

- 미국 철도 및 보스턴 얼음 회사와 유사한 회사의 예
- 우리 업계에는 이러한 회사가 몇 개나 있는가?
- 고객이 원하는 주요 편익은 무엇인가?
- 누구와 경쟁하는가?
- 편익을 제공하는 새로운 방법이나 비즈니스 모델을 생각할 수 있는가?

- 잠재적인 새로운 비즈니스 모델을 개발할 수 있는가?

### 주의점: 가장 흔한 함정

마케터가 저지르는 가장 큰 실수는 고객과 충분한 시간을 보내지 않는다는 것이다. 그들은 일상적 업무에 사로잡혀 고객의 직접적 피드백보다는 간접적 정보에 의존하게 된다. 한 고위 마케터가 말했듯이 판매, 제품 피드백을 필터링하는 것은 가치가 있을 수 있지만, 종종 관점에 따라 편향이 생길 수 있다고 지적한다. 고객과 직접 만나 대화해보면 발견하지 못할 귀중한 통찰력을 얻을 수 있다.

그래서 고객과 상호작용할 수 있는 4가지 방법을 소개한다. 약간의 노력이 필요하기에 레벨에 따라 소개한다. 각 레벨에서 얻게 될 결과와 정보는 충분한 가치가 있다.

**레벨1:** 영업, 고객서비스, 제품관리 등 고객을 직접 대면하는 부서의 직원을 인터뷰한다. 고객 전화를 듣거나 고객 미팅을 관찰한다. 이를 통해 고객이 원하는 바가 무엇인지를 이해할 수 있다.

**레벨2:** 고객 행동과 태도를 더 잘 이해하고 수치화하기 위해 고객 설문조사, 포커스그룹 인터뷰나 설문을 수행한다. 링크드인 등의 소셜 미디어에서 고객과 소통하고 질문할 수 있다. 단, 고객이 사용하는 단어에 주의해야 한다. 이 단계에서는 고객의 공감을 얻고, 참여를 유도하는 메시지와 콘텐츠를 개발할 때의 중요한 분야를 이해하는 데 도움이 된다.

**레벨3:** 잠재고객 및 고객과 1:1 인터뷰 통해 동기, 요구사항, 구매기준 등에 대한 지식을 심화한다. 제품 옹호 집단 역시 매우 좋은 정보원이고, 특정한 문제나 고충 등을 더 깊게 이해할 수 있다.

**레벨4:** 고객의 숨겨진 구매 동기 및 문맥을 식별하기 위해 고객의 환경에서 고객과 잠재 고객을 관찰하는 민속학 연구를 수행한다. 이는 다른 시장 조사 방법론보다 다소 더 집약적일 수 있지만, 복잡한 기업 간 마케팅과 긴 판매 사이클을 수행하는 기업에 특히 유용하다. 디지털 세계에서 고객이 어떻게 행동하는지 살펴보는 넷노그래피Netnography, 온라인 사회현상을 연구하는 방법연구를 수행할 수 있다.

## 인터뷰의 기술

고객 및 이해관계자를 효과적으로 인터뷰하기 위한 인터뷰 방법론을 알아보는 것도 좋은 방법이다. 인터뷰 기술은 마케터가 고객의 통찰력을 발견하기 위한 기본적인 기술이기도 하다.

**호기심을 가져라:** 이것은 새로운 아이디어, 사물이 원래 생각했던 것과 다를 수 있다는 가능성을 받아들일 수 있다는 것이다. 고객이 세상을 어떻게 이해하고, 그들이 바라는 바가 무엇인지 이해하기 위해 호기심을 가져야 한다.

**고객을 편안하게 만들기:** 인터뷰하는 동안 고객을 편안하게 해야 한다. 마음을 열고, 이야기 나누는 것에 안심할 수 있어야 한다.

**개방적인 질문:** 적절하고, 흥미롭고, 창의적인 질문을 작성하기 위해 시간을 투자해야 한다. 당신이 정말 알고 싶은 것에 대해 생각하고, 더 깊이 파고드는 데 도움이 되는 질문을 개발한다. 예/아니오로 대답하는 질문은 피해야 한다.

다음은 개방적 질문의 좋은 예시이다.

- 현재 직면한 가장 큰 문제는 무엇인가?
- 올해 상위 3개 우선순위는 무엇인가?

- 당신의 공급업체에게 바라는 점은 무엇인가?
- 회사 차원에서 무엇을 개선할 수 있을까?
- 현재 솔루션에서 가장 마음에 드는 점(혹은 부족한 점)은 무엇이고, 그 이유는 무엇인가?
- 왜 우리 회사와 거래를 하는가? (또는 거래 중단)
- 다른 경쟁업체에 대해 어떻게 생각하는가?
- 더 나은 파트너가 될 방법은 무엇인가?
- 성공을 어떻게 측정하는가?
- 이상적인 솔루션은 무엇인가?

**적극적인 경청:** 우리는 대부분 말하는 것을 잘 안 듣는다. 그 대신 다른 사람에게 어떻게 반응할지 생각하느라 바쁘다. 그래서 고객의 말에 귀를 기울이고, 주의를 기울여야 한다. 들은 것을 되새기는 습관이 필요하다.

## 결론적 사고: 앞서 나가기

고객이 가장 중요하게 생각하는 것이 무엇인지 이해하기 위해 지속적인 노력이 필요하다. 그리고 새로운 습관을 형성해 일상이 되도록 만들어야 한다. 고객 정보 수집을 전담하는 별도 부서를 가질 수 없을 땐 모든 구성원이 정보를 찾고 공유해야 한다.

### 온라인 정보 활용

잠재 고객에 대한 데이터를 얻을 수 있는 전문 데이터베이스가 많이 있다. 이들을 활용하기를 권장한다.

### 고객과 언제든지 이야기하기

고객이 참석하는 이벤트, 세미나, 박람회 등을 활용하는가? 이벤트나 무역박람회 등에서 제품설명서를 전달만 하는 마케터를 많이 보았을 것이다. 바로 이 순간이 잠재고객과 이야기할 완벽한 기회이다. 고객의 언어로 접근하여 고객이 가진 우선순위가 무엇인지 파악해야 한다.

### 영업팀에 참여 요청하기

영업직원은 고객에게 들은 우리 회사에 대한 피드백을 중간에서 정렬하며 고객을 보호할 수 있다. 그러나 성공적인 영업직원들은 영업이 전사적인 노력이라는 것을 인식하고, 전화를 걸거나 고객을 만나자는 마케팅팀의 요청을 무시하지 않을 것이다. 실제로, 고객은 생각해 보지 않았던 것을 배울 가능성이 높기 때문에 환영할 것이다.

### 모든 정보를 토대로 자료 분석

데이터 수집만 한다면 쓸모없다. 데이터를 분석해야 좋은 결정을 내리는 데 도움이 된다. 따라서 트렌드, 특정 주제 및 변화를 파악하기 위해 내부 보고서나 외부의 제3자 보고서 등을 정기적으로 검토해야 한다.

### 손익 분석을 수행하는 프로세스 구현

당신의 회사는 공식적으로 손익 분석을 하는가? 손익 분석이 없다면 고객이 왜 솔루션을 선택하거나 선택하지 않았는지에 대한 추측만이 남게 된다. 기업은 종종 단기적 사고에 사로잡혀 고객이 왜 그들과 거래하는지 전체 그림을 그리지 못한다. 귀중한 고객 데이터를 수집하는 프로그램을 공식화해야 한다.

# 제5장

# 테마에 맞게 제품과 솔루션 정렬하기:

## 일방적인 메시지 폭탄에서 고객 가치 대화로 전환

**✱ 이 장에서 학습할 내용**

- 선택한 주제에 따라 솔루션, 제품, 서비스를 정렬하는 방법
- 제안 시 누락되는 것을 방지하기 위한 프레임워크 개발
- 제품, 솔루션 교차 판매, 상향판매 방법
- 차이를 찾고 솔루션 및 파트너십을 개발하기 위한 경로 보기
- 제품 마케팅과 제안 테마를 정렬하는 황금 동아줄 개발

이 장을 다 읽게 되면 고객에게 신제품 특징을 무작위로 나열하면서 설명하는, 메시지 폭탄 같은 행동을 중단하고, 고객과 고객의 비즈니스 문제해결을 돕는 가치 기반 대화를 나눌 수 있게 된다.

## 왜 이것이 중요한가

우리는 이미 고객들이 중요하게 생각하는 것은 제품이 아니라는 것을 알고 있다. 앞서 예를 든 바와 같이 포레스터가 〈포춘〉 선정 500대 기업의 경영진을 대상으로 현재 계약을 맺고 있는 공급업체를 왜 선택하였는지 물어봤을 때, 단지 16%만이 공급업체의 제품, 서비스, 역량 등을 가장

중요한 요소라고 응답했다. 나머지 84%는 제품이 아니라 비즈니스 문제를 이해하고, 솔루션을 제공하는 공급업체가 중요하다고 말했다. 그럼에도 불구하고 이 중 응답자의 27%만이 '공급업체 영업직원이 우리의 비즈니스에 대해 잘 알고 있다'고 응답했다.

우리는 고객이 변화의 필요성을 느끼지 못하면 아무런 선택도 하지 않는, 이른바 관성이 작동되는 것을 목격하곤 한다. 질 콘라스는 〈애자일 셀링〉에서 구매자가 점점 더 판매자를 멀리한다고 주장한다. 판매자들이 의사결정과정에 중요한 가치를 제공하기보다는 맥락없는 질문만 하고, 지루한 프레젠테이션만을 하는 등 마치 판매만 하고 떠나버리는 '보따리상' 같다는 것이다.

또한 점점 더 많은 고객들이 무엇을 구매하는지 뿐만 아니라, 어떻게 구매하는지에 대한 관심도 높아지고 있다. CEB의 조사에 따르면 고객의 53%가 가치있는 도움과 통찰력을 제공받게 되면 영업직원에 대한 충성도가 향상된다고 대답했다. 따라서 영업담당자는 고객의 비즈니스 문제를 이해하고 통찰력을 제공함으로써 영업방식을 차별화할 수 있다.

이 장에서는 고객과 대화하는 데 도움이 되는 도구와 제품 및 서비스가 고객의 문제를 어떻게 해결할 수 있는지 알아본다. 이 프레임워크를 통해 새로운 제품을 엄브렐라 테마로 통합하여 소개할 수 있다. 이는 양사의 비즈니스에 고객 대화를 기반으로 판매 및 매출 성장을 끌어낼 수 있다.

## 제안 테마의 선택

4장에서 본 것처럼 제안 테마를 선택하는 비법은 따로 없다. 대신 고객의 문제를 깊이 이해해야 답을 얻을 수 있다. 깊은 이해를 위해 어느 정도 감정적, 육체적, 재정적인 자원들을 투입해야 적절한 답을 얻게 된다. 또한 주제 분석과 더불어 우뇌의 창의성까지 결합해야 한다. 제안 테마를 선택할 때, 아래 주제들이 중요한 포인트이다.

- 고객과의 공감
- 소통을 위한 플랫폼 제공
- 영역을 개발하고, 세분화하고, 고객 가치 제안 지원
- 매출 증가를 기반으로 명확한 기회 제공
- 고객 문제 해결에 도움이 되는 솔루션 제공

이 장의 주요 목적은 제안 테마를 결정하고 테마에 따라 솔루션, 제품, 서비스를 배열하는 것이다. 이를 통해 고객과 지속적인 가치 주제의 대화를 유지할 수 있다. 제품의 종류가 많은 경우 고객에게 폭격하듯이 제품 정보를 푸시하게 된다. 이를 중단하기 위해서 제품군으로 생각의 관점을 끌어올려 보자. 정보 푸시가 계속되면 고객들의 94%가 푸시 메시지를 피하게 된다. 그래서 테마 선택에 도움이 될 수 있는 몇 가지 모델을 제공한다.

그림 5.1 기업 가치 사슬

테마는 고객 중심적이어야 하고, 고객 비즈니스에 부가가치를 제공함으로써 더 많은 기회를 제공해야 한다.

## 고객을 위한 가치를 어떻게 창출할까?

기업의 가치 창출에는 여러 가지 모델이 있다. 아마도 가장 유명한 것은 마이클 포터 교수의 대표적인 저서 〈경쟁우위〉에 소개된 가치사슬 모델일 것이다.

가치사슬은 기업이 가치를 창출하기 위해 수행하는 일련의 활동을 의미한다. 가치사슬 활동이 실행되는 방식은 비용과 이익에 영향을 미치고, 궁극적으로 고객에게 가치를 제공하게 된다.

마이클 포터는 기업활동을 주요 활동과 지원 활동으로 구분한다. 주요 활동은 인바운드 및 아웃바운드 물류, 운영, 마케팅, 판매, 서비스로 구성된다. 지원 활동은 구매, 인사관리, 기술개발, 회계, 법률, 관리 기능 등으로 구성된다. 이러한 주요 활동과 지원 활동은 함께 작동하고, 고객을 위해 가치있는 제품 또는 서비스를 만드는 데 도움이 된다.

그러나 우리는 더 광범위한 테마 개발을 만들기 위해 청크 업, 의식의 확장, 상향적 생각을 선호한다. 즉, 가치사슬을 통해 고객 관계에서 시작하는 고객 수요 체인을 먼저 봐야 한다. 테마 개발에 어떻게 도움이 되는지 생각해보자.

### 판매 측면

판매 측면에서 가장 중요한 문제는 고객관계관리다. 여기서 고객이 그들의 고객을 어떻게 상대하는지 생각해야 한다. 고객이 제조업체인 경우 그들의 고객과 어떻게 상호작용할까? 거래처 영업직원을 통해서 거래할까? 웹사이트를 통해 정기적으로 주문할까? 최종 고객은 구매를 어떻게 결정할까? 등을 고민해볼 수 있다.

고객이 판매 목표를 달성할 수 있도록 지원할 수 있는지 자문해 보자. 결국 제조업체 또는 소매업체가 처한 다양한 상황은 고객 획득, 성장 또는 유지라는 전반적인 목표에 영향을 미친다. 상황에 따라 수익성 및 경쟁 위협에 대한 우려의 수준이 달라질 수 있다. 제안 테마를 개발한다면 고객관계관리, 고객성장, 경쟁우위 등에 관한 것일 수 있다.

## 내부 측면

조직은 판매 측면에서 오는 고객의 피드백이나 현장 정보를 다시 구매 측면으로 전달하거나 간결하게 제공할 수 있도록 민첩하게 대처해야 한다. 옴니채널 환경에서는 고객이 회사 홈페이지에서 맞춤형 솔루션을 제공받을 수 있기를 기대하기 때문에 조직 내부의 지원은 점점 더 중요해지고 있다.

고객의 특정 문제는 고객 경험에 관한 것일 수 있으며 고객 주문이 얼마나 효율적으로 처리되고 있는지에 대한 것일 수 있다. 이 영역에서 제안 테마를 개발하기로 했다면, 고객이 더 민첩하고, 더 빠르며, 더 효율적으로 일할 수 있도록 지원하는 방법을 고민해야 한다.

## 구매 측면

가치사슬 모델의 왼쪽 영역은 조직이 공급망과 상호작용하는 방식에 관한 것으로, 전달 속도와 품질, 정보 전달 및 공급 비용과 관련된 문제가 있을 수 있다. 한편 공급업체 협상력이 더 클 경우 우리 회사의 영업팀이 새로운 기회를 만들고, 고객에게 가치를 제공하는데 문제가 있을 수 있다. 고객이 가격 경쟁력 확보에 가치를 둔다면, 공급망 효율에 초점을 맞춘 제안 테마를 개발해야 한다.

효율적인 공급망을 확보하기 위해서 수요망 관리에 더 초점을 맞출 것을 제안한다. 수요망 관리는 수요 사슬에 최소 비용으로 최고의 고객 가치를 제공하는 것을 목표로, 고객과 공급업체와의 관계를 관리하는 데 중점을 둔다. 조직이 수요 사슬을 개선할 수 있도록 지원할 수 있다면 속도, 혁신 및 효율성에 대한 제안 테마를 개발할 가능성이 높다.

우리는 이 모델을 사용하여 조직이 고객에게 영향을 미치는 문제에 대해 생각하고 테마를 개발할 수 있도록 도왔다. 여기에는 다른 전문가들이 제시한 이론도 포함되어 있다. 예를 들어 리는 그의 논문 '트리플 공급망'에서 조직의 정렬, 민첩성 및 적응성이 고객에게 제공하는 가치를 어떻게 향상하는지를 설명한다. 우리는 이미 제프 톨의 저서 〈프라임 솔루션〉에서 그가 전형적인 비즈니스 추진 요인을 재무 성과, 품질 및 경쟁력을 중심으로 분류한 내용을 소개했다. 그 요소들은 테마 개발에 도움이 될 수 있는 유용한 시사점을 제공한다.

이 장의 마지막 부분에 우리의 간단한 가치 사슬 모델로 고객이 직면하는 문제에 대해 생각해 볼 수 있는 간단한 템플릿을 제공하였다.

### 테마와 제품을 정렬하기

고객의 주요 비즈니스 문제가 무엇인지를 파악했다면 이러한 주요 문제와 관련한 제안 테마를 선택할 수 있다. 이제 고객과 지속적인 가치 대화를 할 수 있도록 이러한 테마 아래에 제품, 서비스, 솔루션을 조정할 준비가 되었다.

B2B, B2C는 서로 다르기 때문에 가치 대화 및 테마를 위한 접근법이 달라진다. 예를 들어 B2C 영업을 하는 식당의 경우 대부분의 메뉴를 나열하고 있다. 그러나 메뉴가 많기로 유명한 미국의 치즈케익 팩토리 테마는

'모두에게 소중한 것'이다. 이것이 그들의 가장 중요한 기본적인 가치 제안이고 테마와 제품을 잘 정렬한 사례이다.

만약 당신이 고객, 시장 및 경쟁사 조사를 마치고, 이제 건강하고 영양가 높은 현지의 유기농 식품을 판다고 가정해보자. 당신은 '건강'과 '영양가'를 주요 테마로 선정하였다. 두 가지 테마에 따라 이 같은 접근방식에 맞춰 제품을 배열해볼 것을 제안한다.

**연습 8: 이 새롭고 건강하고 영양가 있는 식사 경험의 순간을 상상해보자. 건강과 영양이라는 두 가지 주제 내 일련의 제안을 어떻게 개발할 수 있는지 생각해 보자.**

## 메시지 폭탄에서 가치 관련성으로

다시 B2B 세계로 돌아가 보자. B2B에서는 1,000가지가 넘는 많은 제품을 고객에게 폭격하듯 제시하는 것보다 고객과 더욱 효율적인 소통 방법을 찾는 것이 필요하다.

우리는 비즈니스를 개발하려는 조직 내부와 세일즈팀 모두 가치사슬 모델을 사용하는 것이 이점이 많다고 생각한다. 이를 통해 고객 가치를 제공할 기회가 더 많이 생겨 매출과 이익 성장에 도움을 줄 것이다. 수백 개 제품을 취급하는 회사가 테마를 '민첩성'과 '고객관계관리' 두 가지로 선정했다고 하자. 수백 개 제품을 테마에 맞춰 총 9개 제품군으로 분류할 수 있다.

그림 5.2에서 보면 제품 H는 고객관계관리 테마에 영향을 미치고, 제품군 G는 민첩성에만 적용됨을 알 수 있다. B2B 예제의 A, C, D, I 제품군은 두 가지 테마 모두에 걸쳐 있다. 이 솔루션의 장점은 제품의 기능보다는 테마에 맞게 분류가 가능하다는 점이다. 예를 들어 '제품 패밀리 I'는

조직의 민첩성을 향상하면서 동시에 고객과의 연결을 더 효과적으로 지원하는 방법에 대해 생각하게 한다.

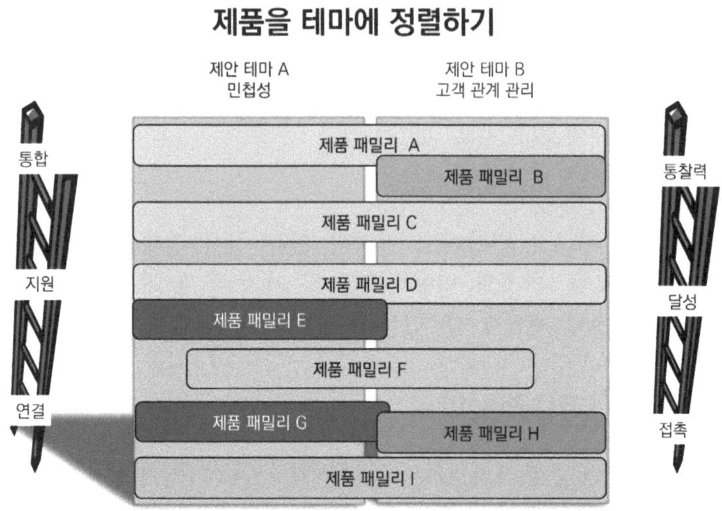


그림 5.2 테마와 제품 정렬 캔버스 – 제품을 테마에 맞게 정렬

## 제안 사다리

제안 사다리 개발은 고객과 함께 그 다음 단계로 이동하기 위해서 필요하다. 이 여정을 통해 테마와 관련한 더 나은 단계로 고객을 리드할 수 있다. 최상위 단계에서는 고객의 요구에 민첩하게 대처하거나 고객에 관한 통찰력을 발견할 수 있다.

그림 5.3에서 보듯 테마에 맞는 제안 사다리가 있다. 맨 아래층은 고객과의 접촉에 관한 것이다. 사다리 중간까지 올라가면 새로운 고객에게 다가갈 방법에 대한 대화가 진행된다. 이번에는 가격에서 벗어나 새로운 채널과 시장을 여는 데 도움을 주는 쪽으로 대화가 전환된다. 최고 단계

에서 회사는 영업조직에 시장 동향과 새로운 기회에 대한 통찰력을 제공하기 위해 시스템을 제공한다. 고객 데이터를 수집하고 분석하는 방법을 생각해 볼 수 있도록 지원하는 고객 통찰력 솔루션이 바로 그것이다.

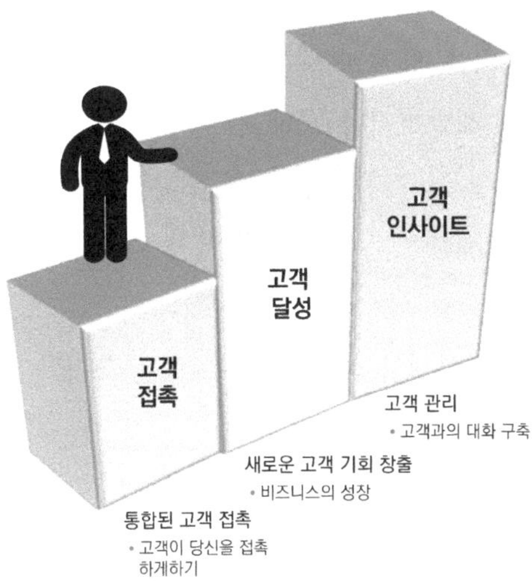


그림 5.3 고객을 다음 단계로 이끄는 제안 사다리 개발

## 격차 및 파트너십

가치 제안 개발에 대한 올인 접근 방식은 고객과의 격차를 확인하고 솔루션을 구축하며 고객이 필요한 방향을 제시하는 프레임워크를 제공한다.

제안 사다리는 첫 단계부터 최고 단계까지의 여정을 잘 보여주고 있다. 그래서 제품, 서비스, 솔루션을 사다리에 배열해보면 고객과의 격차를 잘 파악할 수 있게 된다. 앞서 G 제품군의 경우 고객이 비즈니스 민첩성을 활용하는 데 도움이 되는 제안을 했는가? 만약 그렇지 못했다면 전략적 마케팅의 기본으로 돌아가 그 격차를 메울지 말지 답해야 한다.

### 격차를 메울까, 말까?

만약 격차가 있다면 어떻게 메울지가 핵심 문제다. 이 시점에서 물어야 할 질문들은 다음과 같다.

- 그 격차를 메울 가치가 충분히 큰가? 잠재적 이익은 얼마나 되는가?
- 격차가 존재하는 제품에 대해 시장 경쟁력은 어느 정도인가?
- 기능을 자체 개발하거나 구매해서 격차를 메꿀 수 있는가?
- 우리 브랜드가 그 격차만큼 메꿔줄 수 있는가?
- 격차가 있는 제품은 우리가 고객에게 제공하고자 하는 솔루션의 기본인가?
- 격차가 있는 영역에서 더 신뢰할 수 있는 조직과 협력하는 것이 합리적인가?

## 솔루션 개발

제안 사다리 접근방식은 개발하려는 솔루션을 결정하는 데에 도움이 된다. 솔루션은 조직 내 가치 제안과 같은 의미로 사용되어 혼란을 야기할 수도 있어 명확한 정의를 확인할 필요가 있다.

솔루션에 대한 옥스퍼드 영어 사전의 정의는 다음과 같다.

> 문제를 해결하거나, 어려운 상황에 대응하는 방법

우리는 솔루션을 다음과 같이 정의한다.

> 솔루션은 고객에게 문제 해결 방법을 제공하는 제품 및 서비스의
> 집합으로, 가치 제안을 전달하는 수단

그림 5.2의 예시로 돌아가면 민첩성 제안이 있음을 알 수 있다. 여기서 민첩성을 테마로 솔루션을 개발할 수 있지만, 사다리 단계에 따라 세분화하는 것이 더 합리적이다. 따라서 민첩성 사다리의 맨 아래에는 연결 제안이 있다. 이를 통해 개별 제품에서 고객 가치를 제공하는 솔루션으로 고객과의 대화 수준을 높일 수 있다.

## 솔루션 구축

다음은 불황기의 한 휴대폰 제조사가 솔루션을 구축한 사례이다. 이 회사가 직면한 문제는 협력하는 중소 거래처들을 경쟁사에 뺏기고 있고, 가격 경쟁에 따라 마진은 감소하고, 단일 제품에 대한 의존도가 높다는 것이었다.

특히 이 회사의 가장 큰 문제는 부품을 공급하는 협력 업체에 대한 통제력이 약하다는 점이었다. 그래서 우리는 이 휴대폰 회사가 협력하는 파트너사에 대한 통제 제안을 주도해야 한다고 권고하였다. 즉, 통제 제안을 강화하기 위해선 협력사 비즈니스를 주도하고, 교섭력을 강화할 수 있는 '무엇'을 찾는 것이 중요하다.

당신의……을 통해 회사의 비즈니스를 통제할 수 있을 것이다.

또한 협력 파트너사와 휴대폰 회사가 서로 도움이 되는 통제 가치 제안도 개발해야 한다. 협력사와 자신의 비즈니스를 서로 일치시키는 것이다. 아래 예시처럼 IT 기반 온라인 구매 시스템 혹은 온라인 납품시스템 개발 등을 통해 양사가 비용을 같이 절감할 수 있다.

온라인 구매 사이트를 통해 비즈니스를 통제하고 운영 비용을
10% 절감할 수 있다.

따라서 위와 같은 방법('...을 통해')은 협력사에 대한 통제 제안을 강화해주고, 공동으로 비용을 절감하는 등 가치를 향상하는 솔루션이 된다. 아래 그림 5.4 통제 제안의 요소에서는 공급망의 협력사들이 원하는 요구사항, 장벽, 니즈 등을 제시하고 있다.

우리는 그림 5.5의 프레임워크를 사용해 협력사들이 직면한 개별적인 과제를 분석했다. 간략히 설명하자면, 우리가 파악한 모든 과제를 나열하지는 않았다. 여기서 중요한 것은 제목이다. 이는 부품을 공급하는 협력사가 휴대폰 회사로부터 제공받기 원하는 혜택의 유형을 보여 준다.

우리는 1장에서 소개했던 가치 구조 접근법을 사용했다. 핵심 솔루션으로 시작해 부가가치 서비스를 통해 서비스 가장자리까지 구축되는 것을 알 수 있다. 이는 판매 후 고객서비스를 구축하는 추가적인 효과가 있다. 이것은 다시 가격에서 고객 가치로, 개별 제품에서 솔루션으로 대화를 한 단계 끌어올릴 수 있게 해준다. 이 장의 끝에 이 작업을 수행할 때 도움이 되는 템플릿을 제시한다.

| 도전 | 요구사항 | 해결에 대한 장벽 | 기본적인 니즈 |
|---|---|---|---|
| 마진 보호 및 현금흐름 | 성장 위해 비즈니스 역량에 영향없이 비용을 관리하는 능력 : 비즈니스에 대한 충격 최소화 / 경제침체에서 생존 | 통제불능의 여러 가지 비용 흐름 | 알려진 통제비용 |
| 확장 중인 경쟁시장에서 세일즈 최대화 | 시장에서 비용/가격 경쟁력 유지 | 사용할 주요 장치 및 도구에 대한 IT인식 및 이해 부족 | 적극적인 계정 관리 |

그림 5.4 통제 제안의 요소들

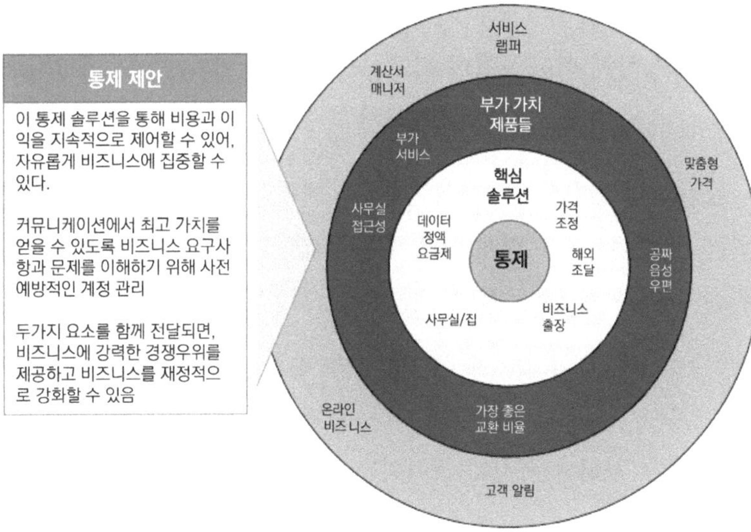


그림 5.5 솔루션 찾기

## 황금 동아줄

2장에서 제시한 가치구조모델을 기반으로 우리는 고객에게 중요하다고 말하는 문제를 기반으로 제안 테마를 개발했다. 더 나아가 산업이나 세그먼트 수준에서 더 개선하고, 고객 수준에서 더 큰 반응을 개발하고, 고객을 진정으로 감동시키는 가치 제안을 제시했다.

가치구조모델에서는 테마/제품 정렬 캔버스를 검토하고 수정하는 것을 제안했다. 예를 들면 관리자를 위한 데스크톱 PC가 금융서비스 고객에게 중요할까? 제조 분야에서 모바일 음성과 데이터는 얼마나 중요할까? 이를 통해 세그먼트, 고객 및 개인 수준에서 제품군의 우선순위를 정할 수 있다. 제품 마케팅에 종사하고 있다면 훨씬 더 많은 범위를 제공하는 마케팅 플랫폼을 활용할 수도 있다.

이제 질문은 다음과 같다.

- 내 제품이나 서비스는 어떤 테마에 속하는가?
- 테마 향상에 어떤 도움이 되고, 고객에게는 어떠한 이점이 있는가?

이전 예시처럼 민첩성이 주요 테마일 경우, 제품을 출시할 때 캠페인의 모든 활동을 연결하면 된다. 모든 제품을 개별적으로 출시하거나 홍보하기 위한 캠페인이 필요 없게 되어 비용, 시간, 노력 등이 절약된다. 이번 장의 끝에 이와 관련한 간단한 템플릿을 제공한다.

황금 동아줄은 테마별로 제공되며, 개별 제품까지 이어진다. 이를 통해 고객은 일관성 있는 시각을 갖게 된다. 고객들은 제품에 관한 지루한 프레젠테이션이 없어지는 것에 고마워할 것이고, 그 결과 회사의 매출이 증가할 것이다.

6장에서는 이 접근 방식을 지원하는 메시지 개발법에 대해 논의한다.

# 제6장

# 구매자 여정: 일관된 메시지 개발

**✱ 이 장에서 학습할 내용**

- 구매자가 제품 또는 서비스를 어떻게 결정하는지 이해하기 위한 프레임워크
- 구매자가 구매 여정에서 만나는 다양한 콘텐츠 유형을 결정하는 방법
- 영업팀과 고객이 원하지 않는 콘텐츠 생산을 중단하는 방법
- 의사결정자가 여러 명 있는 조직에 대처하는 방법

마케팅 또는 영업 콘텐츠 제작을 생각하기 전에 우리 고객이 가장 중요하게 여기는 것이 무엇인지 파악해 적절한 맥락에서 해법을 제시하는 테마를 선택해야 한다.

그럼 가치 제안과 고객 테마를 일관되고 관련성 높은 콘텐츠로 가져오는 방법에 대해 살펴보겠다.

우선 관련성이 가장 중요하다. 현실에서 잠재 고객들은 여러 접점을 통해 회사 브랜드와 상호작용하고 있다. 두 번째로 중요한 것은 일관성이다. 성공적인 비즈니스를 살펴보면 결과와 성장은 우연이 아니다. 이러한 성과는 밀접하게 연결된 몇 가지 계획과 지속적인 후속 조치에 집중할 수 있는 능력에서 비롯된다. 콘텐츠 생성 및 메시지 전달과 관련해

잠재고객에게 이야기를 어떻게 전달하느냐에 따라 판매 여부가 달라질 수 있다.

잠재 고객은 움직이는 표적이다. 그들은 웹사이트, 뉴스레터, 소셜미디어, 영업팀과의 회의, 고객의 전화 등 다양한 방식으로 브랜드와 상호작용한다. 이들에게 모든 채널에서 일관된 스토리를 전달하고 있는지 어떻게 확인할 수 있을까? 본격적으로 이야기하기 전에 콘텐츠 마케팅이 어떻게 영향을 미칠 수 있는지 간단한 예를 살펴보자.

## 타이어 회사에서 파인 다이닝 리뷰어로

콘텐츠 마케팅의 가장 좋은 예는 '미쉐린 가이드'이다. 프랑스에서 자동차 보급률이 매우 낮았던 1900년, 타이어 제조사의 앙드레와 에두아르 미쉐린 형제는 장거리 운전 시 처음 방문하는 지역을 소개하는 안내 책자를 출판했다. 이들은 장거리 운전이 많아질수록 타이어 판매도 함께 증가할 것으로 판단했기 때문이다. 안내 책자에는 지도, 타이어 교체법, 인근 정비소, 호텔, 레스토랑, 주유소 등에 대한 실용적인 정보를 실었으며 새 차를 구입하는 운전자에게 제공되었다. 미쉐린 타이어가 유럽 전역에서 성장하면서 미쉐린 가이드 역시 국가별 버전을 출시하기 시작했다. 1926년 고급 레스토랑을 소개하는 내용을 포함하였고, 오늘날 미쉐린 스타 등급 시스템은 24개국에서 식당 평가를 위한 확고한 기준으로 통용되고 있다.

그렇다면 이 타이어 회사는 어떻게 세계에서 가장 유명하고, 권위있는 파인 다이닝 리뷰어가 되었을까? 이들은 고객들이 여행과 고급스러운 식사가 포함된 라이프스타일을 중요하게 생각한다는 것을 알아차렸기 때문이다. 그래서 더 많은 타이어를 판매하기 위해 차량 소유자에게 어필하고 다른 타이어 회사가 제공하지 못하는 고유한 가치를 제공해야 한다는 것을 알고 있었다.

## 오늘날의 도전

마케팅은 지난 50여 년간 급속한 변화와 발전을 이뤄왔다. 1950년대 사람들은 라디오나 TV 등 매스미디어 콘텐츠를 즐겼다. 미국 시장의 광고주들은 이 기회를 매우 잘 활용했다. 단일 프로그램에 수백만 명의 시청자들에게 광고를 통해 브랜드를 쉽게 알릴 수 있는 최고의 시기였다. 기업이 이렇게 매스미디어를 통해 가능한 많은 사람에게 원하는 마케팅 메시지를 전달하려 했기에 마케팅 메시지는 푸시 메시지로 분류되었다. B2B 영업사원은 잠재고객에게 제공할 정보를 관리했고 대면 혹은 전화통화 등을 통해 메시지를 전달했다.

그러나 인터넷이 등장하고 더 많은 오디오, 비디오, 텍스트 등이 유통되면서 모든 것이 변화되었다. 이제 잠재고객들은 운전석에 앉아 광고를 클릭할 것인지, 무시할 것인지 혹은 추가정보를 다운로드할 것인지를 선택한다. 고객들은 클릭 한 번으로 전화, 문자, 채팅, 트윗 등의 간단한 행동을 통해 공급사를 파악하고 영업사원, 고객서비스 직원을 기다리기보다는 온라인 질문을 통해 미리 답변을 얻는다. 그래서 CMI의 조사에 따르면 회사는 자체 브랜드의 콘텐츠를 만들기 위해 수십억 달러의 비용을 지출하지만 겨우 30%의 콘텐츠만이 효과적이라고 여겨지고 있다. 추가로 흥미로운 점은 시리우스 디시전에 따르면 마케터가 생산한 콘텐츠의 70%는 정작 영업팀에서조차도 쳐다보지 않는다는 것이다. 그렇다면 왜 모든 사람이 콘텐츠 마케팅이 약속하는 엄청난 성공을 경험하지 못하고 있는 것일까?

대부분의 조직에서 '콘텐츠 품질' 대신 '양'에 집중한다. 실제로 마케터들은 블로그, 동영상, 소셜 미디어 등의 모든 매체에 콘텐츠를 공급해야 한다는 강박에 사로잡혀 있다. 그래서 기업들은 영향력 있는 고품질 콘텐츠 제작에 집중하기보다 여러 유형의 콘텐츠 제작하려고 한다.

효과적인 콘텐츠는 교육과 엔터테인먼트가 적절하게 섞여 균형을 유지하고, 고객이 가장 관심 두는 것과 관련되어 있다. 다시 말해 콘텐츠는 목표 고객과 관련이 있고, 결정 과정에서 도움이 되어야 한다.

앞에서 우리는 고객에게 공감을 일으킬 테마를 식별하는 방법을 제시했다. 이제 우리는 일관되고 목적 있는 메시지와 콘텐츠 조합을 만드는 데 관심을 가져야 한다.

모든 사람은 고객이 아니다: 세스 고딘

## 타깃 구매자는 누구인가?

콘텐츠를 개발하기 전에 고객이 누구인지, 고객이 무엇을 중요하게 생각하고, 어떻게 결정 내리는지 먼저 알아야 한다. 이러한 이해와 확신을 얻기 위해 그림 6.1의 구매자 페르소나 프레임워크를 활용하면 좋다.

구매자 페르소나를 만든 토니 잠비토는 아래와 같이 설명하고 있다.

구매자 페르소나는 구매자가 누구인지, 무엇을 달성하려고 하는지, 어떤 목표로 움직이는지, 어떻게 생각하는지, 어떻게 구매하는지, 구매 결정의 이유, 구매 장소와 언제 결정했는지를 전형적인 모델로 설명하고 있다.

| 구매자 서술<br>누가 우리의 구매자인가? 그들의 역할은 무엇인가?<br>구매자의 배경과 전문적 경험은 무엇인가? 그리고 구매자의 인구학적 특징과 개인적 관심은? | |
|---|---|
| 목적과 동기 | 직업적 목적, 개인적 목적, 회사 목적, 주요 동기부여 |
| 도전과제 | 가장 큰 방해물과 도전은? |
| 지각과 태도 | 우리 산업, 제품에 대한 믿음은 어떤가? |
| 콘텐츠, 소통방식 선호도 | 의사결정 위해 필요한 정보와 콘텐츠는?<br>어떤 채널을 선호하는가? 정보탐색 위해 어디서 하는가? |

| 구매 프로세스<br>누가 구매팀에 있는가? 누가 의사결정에 영향을 미치는가?<br>누가 구매에 있어 최종 승인자인가? | |
|---|---|
| 어떻게 측정하는가? | 구매자들의 선호 측정을 어떻게 하는가? |
| 핵심 주도권과 프로젝트 | 중요한 핵심 주도권과 프로젝트가 있는가? |
| 왜 구매하는가? | 어떻게 선택하는가? 리스트와 보상을 어떻게 조율하는가? |
| 구매 결정 기준 | 의사결정을 위한 중요한 동인은? |
| 시간(타이밍) | 계절적 패턴이나 산업적 요인 등이 있나? |

그림 6.1 구매자 페르소나 프레임워크: (a) 구매자 서술, (b) 구매자 프로세스

이 페르소나는 실제 고객 정보를 기반으로 한 잠재 구매자의 일반화된 모습이다. 따라서 고객이 관심을 두는 것, 구매 평가할 때 중요하게 생각하는 것 등을 이해하는 데 도움이 된다.

페르소나를 만들게 되면 다음을 수행할 수 있게 된다.

- 구매자가 제품 또는 서비스를 어떻게 결정하는지 이해하기 위한 프레임워크
- 마케팅 및 영업 활동에 대한 높은 매출을 얻을 수 있음
- 더 강력한 메시지를 만들고 구매자와 깊은 관계 형성 가능
- 타깃을 위한 맞춤형 솔루션 제공 가능. 구매자들은 솔루션을 제시한 마케팅 콘텐츠를 고려할 확률이 48% 높아짐

- 개인화된 콘텐츠 개발. 동일한 이메일을 모든 사람에게 보내는 것보다 구매자 페르소나별로 분류해 다양한 메시지로 조정할 수 있음
- 특정 사람이나 문제 및 신념을 다룰 수 있음

구매자 페르소나를 내부적으로 개발하고, 활용한 기업들은 의미있는 성과를 보였다.

- 이메일 오픈율 2배, 클릭률 5배 향상
- 개인화된 이메일은 무차별적 이메일보다 18배 더 많은 매출 창출
- 웹사이트는 2~5배 더 효과적이고 사용하기 쉬워짐
- 잠재고객 124% 증가 및 온라인 고객 97% 증가
- 전환시간 72% 감소

그러나 B2B 마케터의 44%만이 구매자 페르소나를 이용하고 있으며, 그중 85%는 효과적으로 사용하고 있지 않다. 구매자 페르소나를 구현하는 데 가장 큰 장애 요인은 많은 마케터가 구매자에 대한 질적 조사를 충분히 하지 않았다는 점에 있다. 토니 잠비토의 '구매자 페르소나 연구'에 따르면 설문에 응한 124명의 마케팅 임원 중 25%만이 고객에 대한 심층적인 질적 조사를 진행하였다. 그 외의 기업들은 영업팀으로부터 고객 정보를 얻고 있었다. 영업팀이 제공한 정보는 간혹 인사이트를 주기도 하지만 구매자에 대한 완전한 이해를 돕지는 못한다.

많은 마케터가 복잡한 B2B 판매 상황에서 불필요한 세부 사항에 매몰되어 쓸데없이 많은 시간을 소비하고 있다. 예를 들어 B2B 솔루션을 위해 구매자 페르소나를 개발할 때 구매자가 초콜릿 칩 아이스크림을 좋아한다는 것까지 적용해야 할까? 그럴 필요는 없다. 중요한 것은 처리해야 할 정보 유형, 생략해야 할 정보 유형을 명확히 이해하는 것이다. 회사 조직에서 일관성과 규칙을 통해 페르소나를 구현하기는 어렵다. 대신 콘

텐츠 제작자, 영업사원, 제품 관리자가 페르소나를 참조하고, 이를 기반으로 결정을 내리는 것이 필요하다.

구매자 페르소나 프레임워크는 두 영역으로 나뉜다. 그림 6.1(a)은 구매자가 사람으로서 누구인지 이해하는 데 중점을 두며 아래 영역이 포함된다.

- 배경 정보
- 이전 경험
- 구매자의 역할
- 개인적 관심사
- 목표 및 동기
- 직면한 과제
- 산업/회사에 대한 그들의 인식
- 의사소통 선호도

그림 6.1(b)은 구매 프로세스에 중점을 두고 다음을 포함하고 있다.

- 의사소통 선호도
- 구매에서 자신의 역할 이해
- 상대방의 평가
- 현재 진행 중인 주요 주도권 및 프로젝트
- 의사결정 기준 및 결정 방법
- 타이밍

일반적으로 기업들은 구매자 페르소나 프레임워크 섹션 1에만 초점을 맞추고 구매 프로세스에 관련한 구매자 역할, 기준, 동기 등은 잘 이해하지 못했다. 가상 고객이 어떤 스포츠를 좋아하는지 추측하는 건 재미있겠지만, 페르소나를 개발하는 진정한 목적은 고객에 대한 깊은 이해를 얻는 것이다.

다음은 구매자 페르소나를 보다 성공적으로 만드는 데 도움이 되는 팁이다.

- **페르소나 개발 이유를 회사에 설명한다.** 고객에 대한 깊은 이해는 마케팅팀 그 이상으로 많은 영향을 미친다.
- **지속적인 업데이트가 필요하다.** 페르소나 작업을 완료한 후 항상 최신 상태로 업데이트해야 한다. 새로운 산업 혹은 제3자 보고서 등을 얻게 되면 이것이 고객에게 어떤 영향을 미치는지도 체크해야 한다.
- **나머지 조직과 공유한다.** 고객 대면 직원뿐만 아니라 조직 전체가 이상적인 고객이 누구인지 이해해야 한다. 또한 각 부서에서 고객 소통, 신제품 개발, 결제 선호도, 콘텐츠 제작, 세일즈 미팅 등의 여러 의사결정을 위해 구매자 페르소나 정보를 어떻게 활용할지 임직원들을 교육해야 한다.

## 구매 경험

구매자가 한 단계에서 다음 단계로 깔끔하게 이동한다고 생각하기 쉽지만 이건 현실과 다르다. 구매자는 제품과 서비스가 여러 개일 경우 역동적인 방식으로 상호작용한다. 고객은 어떤 문제는 인식도 못 했는데 다른 문제에 대해서는 이미 구매 프로세스 마지막에 있을 수도 있다. 또 구매자는 아예 의사결정 자체를 미뤄 버리기도 한다.

그래서 마케팅과 세일즈 모두 고객과 구매 여정을 이해하는데 각 역할이 있음을 알아야 한다. 마케팅팀은 고객 정보를 활용해 보다 설득력 있고, 관련성 높은 콘텐츠를 만든다. 세일즈팀은 이 정보를 활용해 고객이 솔루션을 찾도록 도움을 준다.

구매 프로세스를 설명하는 수많은 프레임워크가 있다. 그림 6.2는 구매자가 거래를 결정할 때 5가지 주요 단계(인식 –교육 – 비교 – 구매 - 확정)를 거친다고 가정한다.

### 1. 인식

구매자는 문제점을 인식해야 한다. 일반적으로 구매자가 '모르는' 상태에서 '인식하는' 상태로 이동하려면 어떤 사건이 발생해야 한다. 구매자는 문제에 대해 자세히 알아보면서 문제의 중요도를 체크하게 된다.

당신의 고객이 IT책임자로서 노트북을 대량으로 구매해 회사 직원에게 배포하려고 한다. 그는 직원들로부터 특정 노트북의 불안정한 운영과 열악한 배터리 수명에 대한 불만을 들었다. 따라서 동일 브랜드의 노트북을 계속 구매할 것인지, 다른 브랜드를 알아볼 것인지 결정해야 한다.

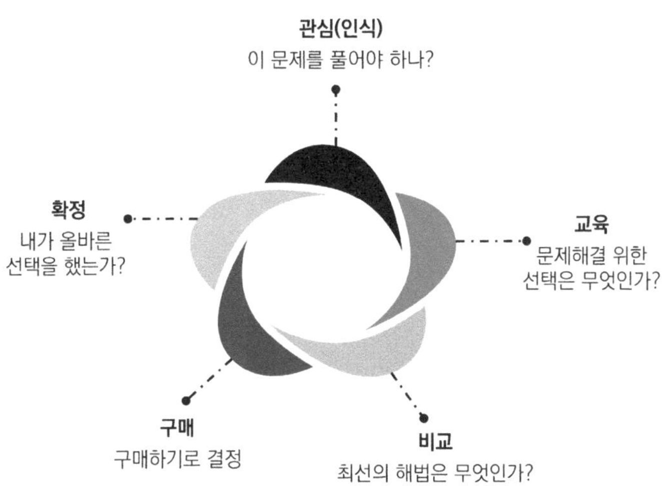


그림 6.2 구매자 여정

## 2. 교육

구매자가 위와 같이 문제를 인식하고, 문제를 해결하기로 하면 인터넷 검색도 하고, 직원들의 이야기도 듣고, SNS 등을 통해 추가 정보를 찾기 시작한다. 구매자는 조사를 기반으로 구매 기준을 정하고, 무엇을 살지 결정하게 된다.

## 3. 비교

구매자는 문제해결을 위해 특정 공급업체, 제품, 서비스를 탐색하게 된다. 기능, 장점 등을 탐색한 IT책임자는 다른 경쟁업체 제품의 가격을 비교하게 된다. 구매자는 다른 고객들과 대화하면서 그들의 경험도 체크한다. 구매과정이 너무 힘들고, 비용이 많이 들면 구매를 연기하는 경우도 있다.

IT책임자는 정보 검색을 통해 기준에 맞는 노트북을 찾았다. 그는 이제 가격, 기술 지원, 결제조건 등을 알아보기 위해 영업담당자에게 전화를 건다. 이 시점에서 구매자는 약 60% 의사결정을 한 상태이다. 그는 새로운 브랜드 노트북을 구매하고자 한다는 소식을 자신의 관리자나 관련자에게 알리게 된다.

## 4. 구매

구매단계는 일반적으로 간단하다. 잠재 고객은 올바른 선택을 위해 제품, 서비스에 평가를 확인한다. 이후 고객은 구매를 결정한다.

이제 IT책임자와 그의 관리자들은 다른 브랜드의 노트북을 구매해 조달하기로 한다. 구매팀은 새로운 공급업체와 계약의 세부 사항을 논의하기 위해 계약에 참여한다.

### 5. 확정

이 단계는 구매자에게 중요한 순간이다. 구매자는 과연 이 결정이 올바른 결정인지 확인한다. 약속된 혜택들이 제대로 실현되는지 평가한다.

지금까지 IT 책임자에겐 만족스러운 구매 여정이었다. 이제 당신 차례이다. 이 프레임워크를 사용해 잠재 구매자가 구매 여부를 결정하는 여정이 어떻게 진행되는지 문서화해보자. 고객이 구매과정에서 묻는 질문을 파악해 구매 여정의 방법, 시기를 결정한다. 구매자가 자신을 도와줄 적당한 정보나 영업사원을 찾지 못했다고 느끼게 되면 구매단계에서 주저할 수 있다. 이 프레임워크는 당신의 조직에서 제공하는 모든 제품, 서비스에 다 적용해볼 수 있다.

## 고객 접점 구축

구매 여정을 설명한 후 콘텐츠를 검토해야 한다. 좋은 콘텐츠 제작을 위한 몇 가지 기본원칙을 소개한다.

### 1. 의미없는 소음을 만들지 말 것

IBM보고서에 따르면 매일 약 15 페타바이트 정도의 어마어마한 데이터가 만들어지는데 이는 미국 모든 도서관 정보보다 8배나 많은 양이다. 이 뜻은 의미없는 콘텐츠도 많다는 것이다. 좋은 콘텐츠의 원칙은 우선 영업팀에 물어보는 것으로 시작한다. 조직에서 만든 다른 콘텐츠(웹사이트, 소셜미디어 등)의 결과를 분석해 효과가 있는 항목을 결정한다. 새로운 마케팅 트렌드를 무분별하게 추종하기보다는, 어디에 더 집중해야 할지 결정한다.

### 2. 멈추고 생각하기

새로운 콘텐츠 제작 전에 결론을 생각하고 시작해야 한다. 그리고 다음 질문에 답할 수 있어야 한다.

- 타이밍
- 왜 필요한가?
- 고객과 관련이 있는가?
- 우리 브랜드 메시지와 일치하는가?
- 어떻게 배포할 것인가?
- 판매촉진에 도움이 되는가?
- 우리 영업팀이 그것을 사용할 것인가?
- 이 콘텐츠는 어떤 구매단계와 일치하는가?

### 3. 일관성 문제

마지막으로 중요한 것은 마케팅에서 인지도와 신뢰를 쌓기 위해 일관된 노력이다. 애플은 단순함이라는 메시지를 일관되게 전달한다. 이러한 황금 동아줄은 회사의 웹사이트, 소매점, 제품 디자인에 이르기까지 고객 경험의 모든 부분에 존재한다.

메시지에 대한 모든 것은 여러 채널에서 일관되게 보이고, 느껴지고, 소리 내야 한다. 또한 메시지가 지속되기 위해 자주 공유되어야 한다. 광고 전문가들은 잠재 고객들이 광고 메시지를 기억하기 위해선 적어도 7번 노출되어야 한다고 주장해왔다. 마케팅 컨설팅 그룹 마케팅 도넛에 따르면 매출 발생의 80%는 5번의 후속 작업이 필요하다고 한다.

우리는 이를 빈번한 관련성을 의미하는 '프레러번시Frelevancy, 빈도를 뜻하는 Frequency와 관련성 뜻하는 Relevancy의 합성어'라 지칭한다. 예를 들어 관련성 높은 메시지가 있지만 한 번만 노출되면 의미가 없다. 반면 관련이 없는 메시지를 많은 돈을 써서 광고를 한다고 해도 사람들은 신경 쓰지 않는다. 또한 45명의 영업사원이 45개의 다른 메시지를 고객에게 전달하는 것도 원하지 않는다.

| | 인식 | 교육 | 비교 | 구매/확정 |
|---|---|---|---|---|
| 구매 단계 | 구매자 : 니즈, 문제 인식<br>핵심질문 : 문제해결을 할 것인가 | 구매자 : 문제해결 위한 옵션을 살펴봄<br>핵심질문 : 이 문제를 어떻게 풀 것인가? | 구매자 : 선택사항을 비교하고, 의사결정 고려 중<br>핵심질문 : 솔류션을 어디서 구할 것인가? | 구매자 : 선택이 맞는지 입증<br>핵심질문 : 올바른 선택을 할 것인가? |
| 주요 목적 | •문제를 해결하는데 도움을 주기<br>•무엇이 일어날지에 대해 구매자에게 알려주고 교육하기<br>•해결해야 할 문제로 바라보게 만들기 | •구매 기준을 형성하는데 도움 제공(예: 어떤 제품 특성이 가장 중요한가)<br>•이상적인 해결책 그려보기<br>•공통되는 반대의견을 정리하고 재구성하기 | •회사와 솔류션에 있어 선호되는 이야기를 제공<br>•목표달성 위해 솔류션이 어떻게 작동하는지를 보여주기<br>•구매자가 내무 직원들의 질문을 쉽게 해결할 수 있도록 지원 | •구매 결정을 강화하기<br>•프로세스가 원할한 지, 질문이 해결되는지 확인<br>•솔류션을 최대한 활용하는 방법에 대한 교육 |
| 간단한 기술 | 교육 비디오, 백서, 인포그래픽, 리더십 평가, PR, 웨비나, e북 등 | 구매 가이드, 체크리스트, 비디오, 프레임웍스, 모델, 이벤트 프레젠테이션, 주제 웨비나 | 제품 브로슈어, 데모, 타사 비교 가이드, 중소기업 부품 사용한 제품에 대한 웨비나 | 독점적인 고객교육이나 웨비나, 전화, 이메일 뉴스레터, 비디오 설명서, 즐거운 선물이나 제안 |

그림 6.3 콘텐츠 매핑

이런 원칙을 염두에 두고 재미있는 콘텐츠 제작으로 넘어가자. 굳이 모든 콘텐츠를 만들 필요는 없다. 서로 격차가 있거나, 구매자가 막히는 부분을 찾아 의사결정 프로세스를 잘하게끔 콘텐츠를 만들어야 한다. 예를 들어 영업사원으로부터 우리는 고객의 의사결정을 돕는 사례, 참고자료, 기타 자료, 콘텐츠 격차 등에 대해 듣게 된다. 이를 그냥 방치할 경우 영업팀이 자체적으로 콘텐츠를 제작해 일관된 하나의 메시지를 제공한다는 목표와 어긋나게 될 수도 있고, 공유할 내용이 없어 판매에 실패하게 된다. 그림 6.3은 구매 여정에 따라 참조할 수 있는 매트릭스를 제공한다. 이 프레임워크는 고객에게 가장 중요한 부분에 내부 역량을 집중할 수 있도록 한다.

**연습 9: 이제 일관된 메시지를 얼마나 잘 전달하는지 확인해보자. 브랜드가 모든 채널에서 일관성 있게 노출되고, 느껴지는지 평가해보자. 웹사이트, 블로그, 백서, 보도자료, 사례연구, 소셜미디어, 영업 프레젠테이션, 제품 브로슈어, 이메일, 제안 요청 등 많은 커뮤니케이션을 확인해보자.**

(1) 일관성 없음 (2) 다소 일관성 있음 (3) 매우 일관성 있음 등 3점 척도로 평가해보자. 현재 상황을 파악하면 통일된 메시지를 정리, 전달하는 조직이 어디에 집중해야 할지를 알 수 있다.

고품질의 효과적인 콘텐츠를 만드는 것은 어느 정도 시간이 걸린다. 짧은 시간에 성공을 기대하면 안 된다. 콘텐츠 제작에 충실하고 인내심을 가지고 고객에게 집중해야 결과가 나온다.

이제 마케팅 캠페인을 통해 이 접근법을 구현하고, 운영하는 방법을 살펴보겠다.

P/A/R/T

# 3

## 조직에 가치학 적용하기

# 제7장 일관된 캠페인 개발

**✱ 이 장에서 학습할 내용**

- 마케팅 캠페인 정의
- 5장에서 다룬 중심 테마를 사용하여 마케팅 캠페인을 개발하고 구성하는 방법
- 성공적인 캠페인 실행 방법에 대한 프레임워크
- 안정적인 캠페인 실행을 위해 구성원을 참여시키는 방법

이 장에서는 일련의 마케팅 활동을 통해 가치 제안을 실현하는 방법을 탐구할 것이다.

유명한 금융 서비스 회사의 마케팅 리더인 제인은 평판이 좋은 광고 대행사와 함께 대규모 마케팅 캠페인을 계획하고 협력하는 데 몇 주를 보냈다. 그들은 시장 침체기에 더욱 우수한 성과를 내는 제품을 프로모션하고 싶어했다.

제인은 캠페인 메시지를 만들기 위해 업계 보고서를 살펴보고 경쟁사 사이트를 검색했으며, 세일즈 담당자들과 논의했다. 팀과 함께 회의를 마친 후 마케팅 계획을 세웠고 웹사이트 방문자 수, 사이트 체류 시간, 이메일 구독자 수, 웨비나 참석자 수와 같은 캠페인 목표를 정했다. 그녀는 잘 정의된 타깃 고객, 기억하기 쉬운 캠페인 슬로건, 매력적인 크리에이티브 및 콘텐츠, 통합된 마케팅 및 미디어 계획 등 올바른 요소를 모두 갖추

고 있다고 생각했다.

제인은 캠페인이 거의 시작될 때 내부 회의를 소집하고 캠페인 세부 사항을 세일즈팀에 설명했다. 그런데 그들의 반응은 냉담했다. 그들은 왜 이 캠페인이 이전의 마케팅 이니셔티브와 다른지 의아해했다. 세일즈팀은 웨비나나 광고 회사에서 만든 자료가 고객에게 유용할 것으로 보지 않았다. 그들은 콘텐츠가 훌륭한 것처럼 보이지만 내용과 깊이가 부족하다고 판단했다.

미지근한 내부 반응에도 불구하고 마케팅팀은 다양한 마케팅 전술 개발에 상당한 시간, 에너지 및 자원을 투자했고 시장의 반응을 끌어내기 위해 수십만 달러를 지출했다. 온라인 광고, 광고성 이메일 및 웨비나를 집행했으며 마케팅 콘텐츠를 생성하려고 했다.

45일이 지난 후 마케팅팀의 미디어 예산은 빠르게 고갈되었고 계속해서 수요를 창출할 수 없다는 사실을 알게 되었다. 제인은 캠페인을 포기하기로 했다. 애초에 기대했던 결과를 만들지 못했을 뿐만 아니라 세일즈팀은 참여하지 않았고, 관심도 없었다. 회사는 시장 환경 변화에 따라 다른 이슈로 관심을 돌렸다.

이것은 모든 산업 분야의 조직에서 발생하는 너무나 익숙한 모습이다. 그래서 무엇이 잘못되었을까? 그렇게 많은 마케팅 예산과 자원을 낭비하는 것을 방지하기 위해 무엇을 할 수 있었을까? 아니면 마케팅 캠페인이 처음부터 잘못될 운명을 타고난 것일까?

**연습 10: 제인의 접근 방식에서 무엇이 잘못되었다고 생각하는가? 당신의 생각을 적고 우리의 생각과 비교해 보자.**

교훈:

**캠페인에는 명확한 목표가 있어야 한다.** 제인의 마케팅 캠페인은 달성하려고 하는 것이 무엇인지, 회사의 큰 그림과 어떻게 맞닿아 있는지 명확하지 않았다. 그녀는 웹사이트 방문자 증가 및 웨비나 등록과 같은 작고 전술적인 목표를 설정했지만 캠페인의 전반적인 비전을 설정하지는 않았다. 고객 중심으로 실행되지 않았기 때문에 고객과 동떨어진 계획이 되었다.

**얻었는가?** 제인의 가장 큰 실수이자 궁극적으로 실패한 원인은 캠페인을 개발하기 전에 세일즈팀의 동의를 얻지 않다는 점이다. 그녀는 광고대행사와 함께 마케팅 콘텐츠를 만들었다. 세일즈 리더에게 확인하는 대신 마케팅팀에서 무엇을 생각해 냈는지 보여주기 위해 움직였다. 고객에게 메시지를 전달하는 데 세일즈가 중요한 역할을 한다는 점을 고려할 때 이는 큰 실수였다.

**고객으로부터 시작된다.** 제인은 몇 가지 시장 조사를 수행했지만 고객의 고충이 무엇인지 고객과 직접 이야기할 시간이 없었다. 세일즈팀과 고객의 피드백에 대해 충분히 논의하지도 않았다. 결과적으로 그들이 개발한 마케팅 콘텐츠는 내용, 통찰력 및 깊이가 부족했다. 고객이 얻게 될 혜택을 다룬 포괄적인 주제는 없었다. 고객에 대해 이해한 만큼 계획은 좋아질 것이다.

## 마케팅 캠페인은 끝났다?

2014년 포레스터 리서치는 맥락 마케팅의 등장으로 전통적인 마케팅 캠페인은 죽었다고 선언했다. 맥락 마케팅은 기본적으로 데이터를 토대로 개별 구매자에게 실시간으로 개인화된 양방향 커뮤니케이션을 제공하여 구매 여정에 도움을 주는 것이다. 소비자의 절반이 디지털 광고를 신뢰하지 않고, 38%가 이메일을 신뢰하지 않으며, 36%가 브랜드 앱의 정보를 신뢰하지 않기 때문에 맥락 마케팅이 증가하고 있다. 인터넷 덕분에 오늘날의 소비자는 제품이나 서비스 정보를 필요할 때 언제 어디서든 찾을 수 있다. 그들은 콘텐츠를 통해 더 많은 정보를 습득하고, 의사 결정을 내리는 데 도움이 되기를 바란다. 또한 광고성 이메일이나 마케팅 메시지가 스팸처럼 쏟아지지 않기를 원한다.

우리는 전통적인 일방향 마케팅 캠페인이 예전과 같은 영향력을 발휘하기는 어렵지만 마케팅 캠페인 개념 자체는 여전히 유효하다고 생각한다. 첫째, 회사에 무한한 자원이 없기 때문에 기업은 최고의 성과를 이끌어낼 제품과 고객 세그먼트에 우선순위를 두고 집중해야 한다. 둘째, 지난 몇 년 동안 콘텐츠 마케팅이 대세였지만 마케터의 70%는 여전히 콘텐츠 마케팅이 효과적이지 않았다고 불평한다. 콘텐츠 전략 부족, 고객 이해 부족, 구매 결정에 실제로 영향을 미치는 요소에 대한 이해 부족 등 다양한 이유 때문이다. 셋째, 공동의 목표 또는 이니셔티브를 위한 내부 마케팅 및 세일즈 정렬은 그냥 이루어지는 것이 아니다. 기업이 캠페인 또는 마케팅 이니셔티브를 성공적으로 구현하려면 자원을 상당히 조정해야 한다.

이제 마케팅 캠페인의 아이디어 도출, 구현 및 확장까지 반복할 수 있는 프로세스 구현 방법을 살펴보자.

## 마케팅 캠페인의 요소

먼저 마케팅 캠페인이 무엇인지 정의해 보자. 우리는 연구와 경험을 바탕으로 다음과 같은 정의를 내렸다:

핵심 비즈니스 목표를 위해 실행하도록 설계된 다차원의, 엔드 투 엔드 고객 커뮤니케이션 전략

마케팅 캠페인은 다양한 형태와 규모로 존재한다. 큰 이니셔티브(예: 신제품 출시)를 진행하든 소규모 이니셔티브(예: 작은 지역 행사)를 진행하든 성공적인 마케팅 캠페인에는 다음과 같은 공통점이 있다.

- 지정된 캠페인 진행자 또는 프로젝트 관리자
- 기업의 비전과 연결되는 명확한 목표나 목적
- 정리된 타깃 고객
- 명확한 캠페인 주제
- 설득력 있고 창의적인 메시지
- 측정할 수 있고 유연한 실행 계획
- 내부 협업 및 일치

이상적인 캠페인에는 전략과 전술이 완벽하게 결합하여 있다. 전략에서 전술이 빠지면 그냥 계획일 뿐 실행은 아니다. 전략이 없는 전술은 그저 혼돈이며 재앙이 일어나기를 기다리는 것과 마찬가지이다. 캠페인이 성공하려면 전략과 전술이 절대적으로 조화를 이루어야 한다.

## 전략과 전술의 차이점은 무엇인가?

전략은 특정 목표를 달성할 방법에 대한 계획이고 전술은 목표를 달성하기 위해 취하는 조치를 말한다. 즉, 전략은 목표를 달성하기 위해 무엇을 할 것인지에 대한 대답이다. 전술은 어떻게 할 것인가에 대한 답변이다.

매출을 늘리고 싶다면 그것은 목표이다. 그 목표를 달성할 방법 중 하나는 웹사이트로 더 많은 트래픽을 유도하는 것이다. 그것이 전략이다. 랜딩 페이지를 구축하고, 소셜 미디어를 통해 고객을 참여시키고, 이메일

마케팅 캠페인을 만드는 등의 작업을 수행할 수 있으며 이는 당신의 전략을 구현할 전술로 간주한다.

## 마케팅 캠페인 계획이 필요한 이유는 무엇인가?

마케팅 캠페인은 많은 훈련과 노력이 필요하다. 마케팅팀이 자신의 가치를 입증해야 하는 부담이 커짐에 따라 모든 팀원이 한 곳을 바라보고, 마케팅 예산이 낭비되지 않도록 해야 한다. 계획이 있을 때의 이점은 다음과 같다:

- 마케팅 활동을 기업 차원의 목표와 우선순위에 맞춘다. 마케터가 자신의 효용을 입증하는 데 어려움을 겪고 있다는 것은 비밀이 아니다. 실제로 포네즈 그룹 조사에 따르면 CEO의 73%가 마케터는 비즈니스 신뢰성과 충분한 성장을 창출할 능력이 부족하다고 답했고, 80%의 CEO는 마케터가 회사의 재무 목표 및 현실적 상황과 괴리되어 있다고 생각했다. 이는 고객에게도 영향을 미치고 있다. 이전 장에서 다룬 바와 같이 자신과 관련 없는 콘텐츠를 보내는 기업에 대해 94%의 고객은 회피를 선택했다. 계획을 수립할 때 마케팅 활동이 조직의 목표에 직접적으로 어떤 영향을 미칠지, 목표를 달성하기 위한 전략은 무엇인지, 진행 상황을 어떻게 측정하고 소통할지 생각해야 한다.
- 집중을 유지할 수 있다. 새로운 마케팅 기술이나 도구, 세일즈 기회 또는 비즈니스 파트너십 등의 이슈가 있을 때 마케팅 계획은 당신의 비즈니스를 발전시킬 큰 지렛대에 집중하도록 도와준다.
- 모두가 같은 배에 탄다. 당신의 조직은 새로운 이니셔티브를 실행

하려고 시도하다 몇 번이나 실패했는가? 마케팅 계획을 실행하기 전에 전체 팀의 전폭적인 지원을 받는 데 도움을 준다.

## 성공을 위한 중요한 역할

캠페인 계획을 작성하는 단계별 프로세스 전에 2가지 중추적인 역할에 대해 논의할 필요가 있다. 첫 번째는 전체 팀을 이끄는 캠페인 관리자이다. 프로젝트 관리자로서 전체 프로세스를 감독한다. 적합한 팀 구성원을 모으고, 캠페인 전략을 수립하고, 계획, 실행 및 보고 단계를 감독한다. 또한 진행 상황, 결과물 및 방향 변경에 대해 논의하기 위해 팀과 정기적으로 미팅을 진행한다.

캠페인 관리자는 일반적으로 마케팅 또는 제품 조직 내에 있으며 비즈니스 전략과 조직이 캠페인을 통해 달성하고자 하는 바에 대해 정확히 알고 있어야 한다. 또한 고객의 요구와 구매/판매 프로세스에 대한 깊은 이해가 있어야 한다. 계획 과정에서 의사결정이 필요한 경우 캠페인 관리자가 판단을 할 수 있어야 하기 때문이다.

캠페인 관리자가 갖추어야 할 몇 가지 특성이 있다.

- 강력한 커뮤니케이션 및 프레젠테이션 스킬
- 조직적이고 세부 지향적 능력
- 자신감과 주장
- 이야기를 경청하고 핵심을 간파하기
- 동료 및 상사로부터 동의받고 협력하는 능력
- 문제가 발생하기 전에 예측하는 위기관리 능력

두 번째 역할은 제안 관리자이다. 영국과 유럽 전역에서 이 역할이 크게 성장했다. 1990년대 후반에 BT, IBM 등의 조직에서 선도적으로 시작되었다. 우리는 1장과 2장에서 정의를 명확히 하기 위해 노력을 기울였는데, 이는 관리자의 역할이 다양하기 때문이다. 제안 관리자는 주제에 따라 회사의 제안과 메시지를 모으는 데 도움을 주는 사람이다. 제안 관리자는 고객의 요구 사항을 완전히 이해하고 요구 사항을 충족하는 솔루션을 제공하기 위해 고객 정보를 수집하는 데 도움을 준다. 이상적인 상황이라면 조직에는 캠페인 관리자와 제안 관리자가 모두 있어야 한다.

## 계획 프레임워크

캠페인 계획 프로세스를 그림 7.1과 같이 두 단계로 나누었다. 1단계에서 당신의 임무는 시장을 철저히 조사하여 타깃 고객을 이해하고 현실적인 목표를 설정하며 타깃 고객과 공감할 계획을 개발하는 것이다. 2단계에서는 1단계에서 설명한 계획을 실행하고 마케팅 전술을 테스트하고 확산시켜 전반적인 영향을 측정/평가한다.

마케터는 1단계에서 충분한 시간을 들이지 않고 2단계로 넘어가고 싶어하는 경우가 많다. 하지만 여기에 함정이 있다. 먼저 제대로 계획하지 않으면 고객 참여를 유도하고 판매 활동을 늘리는 캠페인을 구현할 수 없다. 그것은 건축 도면을 기다리지 않고 집을 짓기 시작하는 것과 같다. 또한 모든 관련 당사자에게 진행 방향과 상황을 알리기 위해 각 단계가 끝날 때 공식적인 회의를 설정하는 것이 좋다. 조직에 따라 이러한 회의에는 여러 부서의 대표가 필요할 수 있다.

| 1단계: 전략 계획 | | | 2단계: 실행 및 평가 | | |
|---|---|---|---|---|---|
| 1: 발견 | 2: 계획 | 3: 메시지 | 4: 콘텐츠 | 5: 전술 | 6: 평가 |
| •고객 니즈<br>•시장 기회<br>•광고 타깃<br>•포지셔닝<br>•핵심 지점 | •목표 정의<br>•전술 계획 및 예산 편성<br>•조직 내 계획<br>•판매 준비<br>•파트너 평가 | •타깃 고객, 미디어/인플루언서, 직원들을 위한 핵심 메시지 개발 | •마케팅 자료 (브로슈어 등)<br>•광고<br>•세일즈 도구<br>•내부 소통 | •세일즈 교육<br>•캠페인 실행<br>•웹사이트<br>•이벤트<br>•이메일<br>•인플루언서 활동<br>•홍보 | •목표와 맞지 않는 활동 확인<br>•성공/실패 분석<br>•고객 피드백<br>•개선을 위한 추천 |

그림 7.1 캠페인 계획 프레임워크

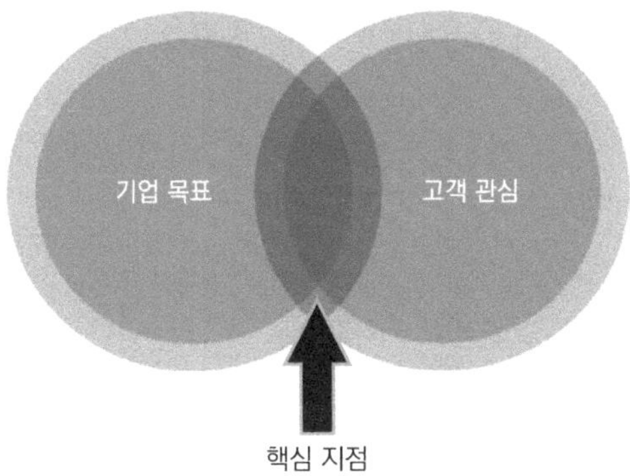


그림 7.2 핵심 지점에 집중하기

## 1단계

### 발견

이것은 정보 수집 단계이다. 발견 단계의 목표는 캠페인이 조직의 내부 목표와 대상 고객의 니즈를 연결하는 방법에 대한 것이다. 그림 7.2에서 볼 수 있듯이 핵심 지점은 당신의 제안과 고객의 관심사가 겹치는 부분이다.

산업 요인, 시장에서의 경쟁 우위, 최신 이벤트, 매출이나 이윤의 크기 등에 따라 제품별 관심이 다를 수 있다. 우리가 5장에서 발견했듯이, 하나의 고객 테마로 다양한 제품을 홍보할 수 있다. 발견 단계는 외부 및 내부

두 부분으로 나눌 수 있다. 정보 수집에 도움이 되는 발견 질문지(그림 7.3)를 사용하자.

**외부 발견** 캠페인 성공은 타깃 고객과 고객이 직면한 역동성을 잘 이해하는 것에서 시작된다. 4장에서 다룬 것처럼 고객 조사를 수행하는 다양한 방법이 있다. 캠페인과 관련한 발견 행위는 캠페인 주제 및 목표에 더욱 구체적이어야 한다. 다시 말해 여기에서 당신의 연구는 패턴과 광범위한 통찰력을 발견하기보다는 특정 질문에 대한 답변과 검증을 돕기 위한 노력이 필요하다. 다음 3가지 주요 영역을 살펴보자.

| 외부 발견 | 내부 발견 | |
|---|---|---|
| **고객 니즈/불편 사항** | **캠페인 초점** | **제품 초점** |
| • 잠재 고객 정의<br>• 니즈, 불편 사항, 동기<br>• 의사결정 부서<br>• 의사결정 프로세스 | • 캠페인 초점은 무엇인가?<br>• 캠페인은 어떻게 고객 니즈나 불편 사항을 돕는가?<br>• 캠페인은 어떻게 우리 기업의 목표에 기여하는가? | • 우리 제품이 독특한 영역에 위치하는가?<br>• 전반적인 제품 가치 제안은 무엇인가?<br>• 어떻게 우리 제품이나 제안이 차별화되는가? |
| **시장 기회** | **캠페인 목표** | **특별한 제안** |
| • 해당 시장의 규모는?<br>• 경쟁을 위해 어떻게 포지셔닝할 것인가?<br>• 기회를 창출할 이벤트가 존재하는가? | • 우리가 얻고자 하는 것은?<br>• 무엇이 좋아 보이는가?<br>• 캠페인 예산은 얼마인가?<br>• 성공 여부를 평가할 척도는? | • 특별가격, 묶음판매, 행사가격을 만들 수 있나?<br>• 우리의 제안은 경쟁사와 비교해 어떠한가? |
| **경쟁 구도** | **추천된 읽을거리** | **판매 준비** |
| • 주요 경쟁사는 누구인가?<br>• 경쟁사는 시장에서 무엇을 말하는가?<br>• 경쟁을 위한 우리의 능력은? | • 고객에게 도움이 될 논문이나 보고서, 연구 결과 등이 존재하는가? | • 세일즈팀은 시장에 나갈 준비가 되었는가?<br>• 세일즈팀에게 필요한 교육은? |

그림 7.3 발견 질문지

**고객의 니즈와 불편 사항** 현재 고객 동향 및 내부 데이터를 분석한다. 특정 제품 세트를 홍보할 계획이라면 세일즈팀이 이미 성공적으로 판매한 곳을 살펴봐야 한다. 가장 중요한 주제 및 회사의 제안과 관련된 현재 상황, 문제점, 동기 및 요구 사항을 이해하기 위해 고객과 직접 대화하라. 고객이 말하는 내용과 세일즈팀이 말하는 내용을 비교하라. 당신의 목표는 고객의 문제와 당신의 회사가 그것을 해결하도록 도울 방법을 일치시키는 것이다.

**시장 기회** 목표로 하는 산업에서 어떤 일이 일어나고 있는지 인식하면 회사의 솔루션을 지능적으로 포지셔닝하는 데 도움이 된다. 업계 동향 및 언론 기사는 얼마나 많은 고객의 마음을 얻어낼지 결정하는 요소이다.

**경쟁 구도** 경쟁자와 차별화되는 요소를 이해하는 것이 중요하다. 캠페인 발견 단계에서 경쟁업체가 마케팅 관점에서 무엇을 하고 있는지, 경쟁업체가 추진하려는 제품에 대해서도 잘 알고 있어야 한다. 이는 나중에 자사의 전술적 마케팅 계획을 알리는 데 도움이 된다.

## 내부 발견

목표는 조직의 집중도를 유지하고 캠페인 목표와 일치하는지 확인하는 것이다. 캠페인 관리자는 세일즈, 제품, 경영진 및 마케팅 전반에 걸쳐 주요 이해관계자를 인터뷰하는 데 앞장서야 한다. 인터뷰의 목적은 '좋은 것'이 어떤 것인지 그림을 그리는 것이다. 성공적인 캠페인을 실행하려면 이해관계자의 동의가 중요하고, 여기서부터 시작해야 한다. 정보는 당신이 수행한 광범위한 시장 조사와 결합하여 도달하려는 고객, 메시지 및 제품에 대한 완벽한 이해를 제공한다. 캠페인 계획과 목표를 조합할 수도 있다.

내부 발견은 다음과 같은 주제를 다루어야 한다.

- 홍보할 가장 중요한 주제
- 도달하려는 주요 타깃 고객

- 어떤 제품에 집중할 것인가?
- 조직에서 특별 제안(가격 할인, 묶음 판매, 무료 기간 연장 등)을 만들지 여부
- 이니셔티브에 대한 구체적인 목표

  예를 들어:

  XYZ 제품에 대한 인지도를 높이고 $x의 신규 판매를 유도한다.

  다음 90일 이내에 500개의 새로운 리드와 100개의 새로운 판매 기회를 생성한다.

  시장전문가 및 언론 보도를 통해 XYZ 제품 범주의 선구자로 간주한다.

- 성공 여부를 측정하는 방법
- 이니셔티브가 기업 목표 달성에 어떻게 도움이 되는가?
- 성공을 가로막는 요소(예: 예산 부족, 자원 부족, 경쟁 우선순위가 너무 많음 등)
- 세일즈팀이 솔루션을 판매할 준비가 되었는가?

발견 단계가 끝나면 수집한 정보를 조직 내 다양한 팀과 검토하여 다음 단계로 나아가는 것이 좋다.

## 전략 및 기획

높은 수준의 캠페인 방향이 설정되면 마케팅팀은 주도적으로 캠페인 목표를 달성할 방법을 결정해야 한다. 이것은 물론 세일즈팀과의 협업 프로세스여야 한다. 궁극적으로 무엇이 가장 잘 작동하고 고객에게 가장 큰 효과를 가져올 것인지에 대한 통찰력을 가져야 하기 때문이다. 마케팅의 다양한 구성원(브랜딩, 크리에이티브, 콘텐츠 작가, 채널 마케팅 담당

자, 홍보, 세일즈 지원 등)과 캠페인에 대한 최상의 옵션 및 마케팅 전술에 대해 논의한다. 크리에이티브 에이전시와 함께 일하고 있다면 지금이 그들을 참여시키기에 좋은 시점이다.

이 단계에서 물어볼 질문:

- 어떤 전술이 최고의 결과를 낳을까?
- 미디어 가치가 있는 우리의 이야기는 무엇인가? 언론에 우리의 얼굴이 될 사람은 누구인가?
- 우리의 목표는 얼마나 현실적인가? 더 작은 목표로 나누어야 하는가?
- 이 이니셔티브를 지원하려면 얼마나 많은 예산이 필요한가?
- 활용할 수 있는 다른 내부 또는 외부 이니셔티브가 있는가? 아니면 우리의 이니셔티브와 경쟁할 대상이 존재하는가?
- 내부적으로 캠페인을 어떻게 전개할 것인가?
- 캠페인의 주요 일정은 언제인가?

캠페인 계획을 한 페이지에 정리하려면 아래 템플릿(그림 7.4)을 사용하면 된다.

| 핵심 주제:(고객과 관련된 주요 주제로부터 선택) | | | |
|---|---|---|---|
| 캠페인 목표:(중요한 캠페인 목표) | | | |
| 주요 제품: 캠페인 기간 중 어떠한 제품/서비스를 밀 것인가? | | | |
| 타깃 고객 및 의사결정권자 프로필:(업종, 직위, 부서 등) | | | |
| | | | |
| 목적 | 접근방법 | 평가 | 전술 |
| 목적 #1: 구체적이고 일정을 고려하여 | 이 목적을 달성하기 위한 세일즈/마케팅 수단은? | 목표 대비 성공을 어떻게 판단할 것인가? | 이메일 캠페인, 웨비나, 이벤트, 세일즈 교육 등 |
| 목적 #2: | | | |
| 목적 #3: | | | |

그림 7.4 한 장짜리 캠페인 계획

## 메시징

이 책의 앞부분에서 고객의 공감을 불러일으키는 주제를 기반으로 기본 메시지에 대해 다루었다. 마케팅 캠페인과 관련하여 기본적인 가치 제안을 기반으로 하고 이를 갱신할 때 메시지는 시의적절해야 한다. 고객에게 영향을 미치는 시의적절한 이벤트를 활용함으로써 기회가 만들어진다.

고려해야 할 질문:

- 당신의 업계와 관련된 계절 이벤트 또는 휴일이 있는가?
- 참고할 업계 또는 시장 이벤트가 있는가?
- 당신의 산업은 새로운 흐름을 만들거나 진전을 보이고 있는가?
- 정부가 새로운 규정이나 법률을 시행했는가?
- 업계 최고 경영진이나 영향력 있는 사람의 이직이 있었는가?
- 메시지에 대한 증거가 확실한가?

이러한 질문에 대한 답변은 캠페인에 대한 맥락 기반 메시지를 구성하는 데 도움이 된다.

5장에서 제시한 레스토랑 사례를 바탕으로 생각해보자. 이 식당은 '현지에서 조달한 유기농 재료만을 사용하여 건강한 식사 경험'을 제공한다. 이것이 기본 가치 제안이다. 식품의 품질이 의심되는 시대에 이 메시지는 지역 주민에게 큰 공감을 불러일으켰다. 레스토랑은 어린 자녀를 동반한 가족 단위 방문객이 점점 더 많아지는 추세였다. 외부 조사 결과, 가을 신학기가 되면 가족들은 저녁 시간에 쫓겨 집에서 요리하지 않는다는 사실을 알아냈다. 이 기회를 활용하기 위해 해당 레스토랑은 바쁜 개학 기간 가족을 대상으로 마케팅 캠페인을 실행한다. 목표는 가족끼리 건강하면서도 빠른 식사를 원할 때 가장 먼저 떠오르는 선택지가 되는 것이다.

그림 7.5는 캠페인 메시지가 전체 핵심 주제와 브랜드 메시지를 지원하는 방법을 보여주지만 이 특정 시나리오와 목표에 맞추어 다소 수정된 모습이다.

| 핵심 주제 | 식품을 통한 건강 증진 | | |
|---|---|---|---|
| 타깃 | 바쁘지만 건강에 신경을 쓰는 가족 | | |
| 맥락 | 아이가 학교에서 돌아오면 요리할 시간이 없다.<br>건강하면서도 빠르게 저녁 식사를 할 수 있는 방법이 제한적이다. | | |
| 캠페인 가치 제안 | 바쁜 가족을 위해 집밥을 제공하여 건강도 챙기고 시간도 절약해준다. | | |
| 핵심 메시지 | 건강한 집밥 | 가족 친화적 | 저렴한 비용 |
| 입증 근거 | 지역의 유기농 제품 사용 | 아이들 메뉴는 별도 | 모든 제품은 15달러 이하 |

그림 7.5 캠페인 메시지

**메시지 테스트** 메시지 단계가 끝나면 캠페인팀과 방향을 다시 한번 검토해야 한다. 세일즈팀의 구성원은 고객에게 메시지를 전달하는 자신을 상상할 수 있어야 한다. 고객과 함께 메시지를 테스트하여 고객의 우려를 정확히 반영하고 해결하는지 확인하는 것이 좋다. 발견 단계에서 이야기를 나눴던 고객을 참여시킬 수도 있다. 고객의 반응과 피드백을 테스트하기 위해 세일즈 담당자를 지정하여 고객에게 메시지를 전달할 수도 있다.

## 2단계

확실한 전략과 계획이 수립되었으므로 실행으로 넘어갈 차례이다. 여기에서 모든 발견 및 계획이 결실을 맺는다.

### 콘텐츠 제작

콘텐츠의 목적을 확인하는 데 염두에 두어야 할 사항은 아래와 같다.

첫째, 잠재 고객이 구매 과정에서 갖게 될 여러 질문을 해결하는 콘텐츠를 만들어야 한다. 콘텐츠가 고객의 중요한 질문 중 하나를 해결하지 못하면 효과도 없고 시간 낭비가 될 위험이 있다.

다음으로 신뢰성 구축에 중점을 둔다. 잠재 고객이 당신의 회사에 대해 알기 위해 몇 분의 시간을 더 사용하도록 유도하는 것은 무엇인가? 잠재 고객의 문제 및 상황에 대한 전문 지식을 더 많이 보여줄수록 잠재 고객이 회사의 구애에 동의할 가능성이 커진다.

마지막으로 타깃 고객의 콘텐츠 선호도를 기억하라. 그들은 비디오나 텍스트 기반 기사를 소비하는 것을 좋아하는가? 숫자와 차트를 보는 것을 선호하는 분석적인 사람인가? 아니면 온라인이나 라이브 이벤트에 참석하는 데 시간을 투자하는가?

6장의 그림 6.3을 참조하라. 여정의 각 단계에서 구매자를 돕기 위해 제작할 콘텐츠 유형을 결정해야 한다.

### 전술적 실행

마케팅 전략은 끊임없이 변화하고 있다. 조직 내에 웹사이트, 소셜 미디어, 이메일, 이벤트 등을 담당하는 전문가가 있을 수 있다. 전술을 실행할 때 조언과 전문 지식을 제공하되 전체 계획에 집중해야 한다. 이 단계에서 명심해야 할 중요한 요소는 다음과 같다:

**처음부터 끝까지 주시하라** 전술 실행에는 체계적인 접근과 후속 조치가 필요하다. 모든 것이 적절하게 되기까지 그래픽 디자이너나 카피라이터와 몇 번을 왔다 갔다 해야 할 수도 있다.

**중간중간 승인 얻기** 최악의 시나리오는 몇 주 동안 개발을 거쳐 최종 승인을 받기 직전에 무너지는 것이다. 마케팅 리더, 세일즈 담당자 및 제품개발팀이 중간중간에 의견을 제공할 수 있도록 내부 체크포인트 회의를 만들어라. 또한 이 단계에서는 모든 사람에게 커뮤니케이션 일정을 상기시키고 고객 서비스 및 운영팀과 계획을 검토하여 일정에 차질을 빚을 수 있는 계획이 있는지 확인하는 것이 좋다.

**흐름을 따라가라** 계획 단계에서 발생할 수 있는 모든 문제를 예측하는 것은 불가능하다. 실행을 향해 움직이기 시작하면서, 당신이 세운 계획이 당신이 상상했던 대로 정확하게 실행될 수 없다는 것을 깨달을 수도 있다. 괜찮다. 이러한 문제가 발생하면 모든 사람에게 정보를 제공하고 계획팀에 새로운 옵션을 제시하는 것을 잊지 말기 바란다.

## 평가

마지막으로 성과를 제대로 측정하고 모니터링하지 않으면 캠페인의 성공을 담보하기 어렵다. 진행 상황을 모니터링하고 전달하는 가장 효과적인 방법은 다른 조직과 공유할 수 있도록 캠페인 대시보드를 만드는 것이다.

캠페인 대시보드는 캠페인 진행 상황을 나머지 팀에게 알리는 효과적인 도구이다. 진행 과정을 추적할 수 있도록 원래 목표를 포함해야 한다. 기본 목표에 따라 대시보드를 구성할 수 있다.

예를 들어:

- 인지도 형성: PR 범위, 광고 노출, 웹사이트 방문자, 뉴스레터 가입
- 참여 생성: 소셜 미디어 참여, 이메일 확인 비율/클릭률, 웨비나 참석, 이벤트 참석
- 수요 확대: 신규 고객 문의, 잠재 고객, 세일즈 미팅, 새로운 세일즈 기회
- 매출 기여: 신규 고객, 평균 거래 규모, 추천, 추천고객지수, 신규

매출, 이익, 판매 주기 단축

캠페인을 정량적으로 측정하는 것 외에도 다음과 같이 정성적인 피드백을 구하는 것도 중요하다.

- 거래를 성사하거나 놓치는 이유를 알기 위해 승패 분석을 수행한다. 구매하지 않기로 한 고객과 대화하는 것이 특히 유용하다.
- 고객 대화가 어떻게 진행되고 있으며 고객이 메시지/콘텐츠에 공감하는지 세일즈팀의 의견을 구한다.
- 새로운 고객을 인터뷰하여 경쟁업체가 아닌 우리 회사를 선택한 이유를 이해한다.
- 보고서 검토 및 인플루언서, 미디어 및 분석가와의 대화를 통해 메시지 및 제안에 대한 시장의 반응을 이해한다.

## 캠페인 계획 시 피해야 할 함정

- 발견 단계를 건너뛴다. 마케팅 캠페인의 성공은 고객의 관심이 무엇인지 알아내고, 공감하는 메시지를 만드는 능력에 달려 있다. 따라서 철저한 고객 발견 없이는 콘텐츠에 깊이를 부여하고 가치 있는 콘텐츠를 만드는 데 한계를 가질 수밖에 없다.
- 하나의 캠페인 메시지만 만든다. 모든 구매자가 똑같지는 않다. 마케팅 메시지를 너무 일반화하여 역설적으로 아무도 관심없게 하지 말라. 그러나 일을 너무 복잡하게 만들지도 말라. 먼저 상위 구매자 유형에 초점을 맞춰 메시지를 만들고 이후 효과가 있다고 확신하면 그때 새로운 메시지를 추가하면 된다.
- 과정을 서두르고 있다. 사려 깊은 마케팅 캠페인을 구성하는 데 시간이 얼마나 걸리는지 아무도 모른다. 경영진은 참을성이 없다. 모

두가 빠른 승리를 원한다. 이에 따라 전체 마케팅 및 세일즈 조직이 서두르고 무언가를 저지른다. 우리의 경험에 따르면 처음부터 끝까지 프로세스를 거치는 데 평균적으로 12주(또는 제안의 정교함에 따라 그 이상)가 소요된다.

- 명확한 캠페인 관리자 또는 지휘자가 없다. 각자 고립된 조직에서는 상호 동의를 얻기가 어렵다. 구성원 각자 저마다의 의견이 있을 수 있다. 이러한 의견 불일치로 인해 티 나지 않는 지연이 발생하는 경우가 많다. 따라서 프로젝트 추진에 능숙한 캠페인 관리자를 먼저 지정하여 이 함정을 피해야 한다. 또한 프로세스의 각 단계에서 경영진을 위한 체크포인트가 설정되었는지 확인한다. 이것은 각 팀 리더가 의견을 공유하고 권장할 수 있는 영역을 제공한다. 마지막으로 캠페인은 시작되면 끝나지 않는다는 점을 기억하라. 계획에 구멍이 없고 자원이 현명하게 사용되는지 확인하려면 캠페인 지표를 지속해서 검토해야 한다.
- 비현실적인 목표를 설정한다. 일부 캠페인은 너무 많은 일을 하려고 한다. 열정적인 브랜드 구축 캠페인과 보다 직접적인 매출 창출 캠페인 간의 차이를 인식하는 것이 중요하다. 목표는 달성할 수 있고 측정할 수 있어야 한다.

다음 장에서는 이 캠페인 계획 접근 방식을 어카운트 기반 마케팅 활동에 어떻게 적용할 수 있는지와 '하나를 위한 캠페인'이라고 부르는 것에 대해 알아볼 것이다.

# 제8장

# 어카운트 기반 마케팅을 통한 성과 창출

**✱ 이 장에서 학습할 내용**

- 가치 체계와 관련된 어카운트 기반 마케팅ABM, Account Based Marketing의 정의
- ABM의 이점
- ABM 프로그램에 적합한 고객사를 선택하는 방법
- ABM 계획을 수립하기 위한 5단계 프레임워크
- ABM에서 피해야 할 일반적인 함정

이 장에서는 마케팅에 대한 어카운트 기반 접근 방식과 이러한 접근 방식을 채택하는 것이 조직에 유익한 이유를 설명한다.

## 어카운트 기반 마케팅이란 무엇인가?

지난 수십 년 동안 인기를 얻은 어카운트 기반 마케팅은 최근에 더욱 유행어가 되었다. 기술이 계속 발전함에 따라 ABM의 정의는 갈수록 좁아지고 있다. 이제 마케터는 어느 때보다 고객과 관련된 실시간 데이터에 접근할 수 있다. 이를 통해 고도로 개인화된 메시지와 콘텐츠로 구매자를

타겟팅할 수 있다. ABM을 서비스하는 많은 기업은 여기서 그치지 않고 ABM을 다양한 플랫폼에서 개별 구매자에게 광고할 수 있는 기능이라고 정의한다. 이것을 'ABM.net'이라고 부르자.

그러나 우리는 ABM이 단지 기술이나 콘텐츠를 개인화하고 홈페이지나 랜딩 페이지에 도달하는 능력에 관한 것이 아니라고 주장한다. ABM은 고객을 이해하고 공감하는 방식으로 마케팅할 것을 요구한다. 고객 개개인의 가치를 진정으로 이해하고 전달하는 것이 이 책에서 설명하는 프로세스이다.

ABM은 광범위하고 일반적인 메시지로 많은 잠재 구매자에게 다가가려고 하는 대신 개별 구매자를 하나의 세그먼트로 바라본다. IBM 및 제록스와 같은 회사에서 활용된 전략적 어카운트 관리에 대한 B2B 접근 방식인 KAM$_{\text{Key Account Management}}$에 대해 잘 알고 있을 것이다. KAM은 데이터와 분석을 활용하는 정교하고 포괄적인 접근 방식으로, 중요한 어카운트를 하나의 시장으로 취급하여 해당 고객에게 맞춤화된 솔루션과 서비스를 제공한다.

ABM은 고객 맞춤형 활동을 하는 KAM에 대한 보완적인 마케팅 커뮤니케이션 접근 방식이다. ABM은 2장에서 소개한 가치 체계의 상위 계층에 있는 어카운트에 도달하기 위해 마케팅과 세일즈의 노력을 집중하는 것이다. 우리는 ABM이 개별 고객의 요구를 더 잘 이해하기 위해 세일즈 및 마케팅팀이 협력하여 창의적이고 고객과 관련성이 높은 프로그램을 개발하도록 하는 총체적이고 전략적인 접근 방식이라고 생각한다.

## 도전

B2B 구매는 평균 5.4명의 의사 결정권자와 의사 결정에 관여하는 4~6개 부서로 인해 의사결정이 점점 더 복잡해지고 있다. 거래 시작부터 종료 단계를 영업직원 한 명이 진행하는 것이 더 이상 가능하지 않게 되었다. 새로운 구매 역학 때문에 기업은 조직 내의 모든 이해관계자에게 접근하는 데 어려움을 겪고 있다. 구매자는 개인화를 요구하고 있으며 더 이상 마케팅 및 세일즈에 대한 '모든 경우에 적용되는' 보편적인 접근 방식에 만족하지 않고 있다.

말콤 맥도널드 교수가 지적했듯이 고객은 점점 더 커지고 정교해지며 맞춤형 솔루션을 원한다. 날이 갈수록 세일즈의 복잡성이 커지는 시대에, 조직은 고객에게 유익한 파트너십 방안을 찾아야 한다. 따라서 KAM과 ABM을 위한 어카운트를 선택할 때 주의를 기울이는 것은 무척이나 중요하다.

통합된 ABM 접근 방식은 자원의 통합과 헌신이 필요하기 때문에 다음 질문을 고려하는 것이 좋다.

- 이상적인 고객이 누구인지 파악했는가? 회사의 솔루션을 가장 필요로 하고 구매할 가능성이 높은 고객은 누구인가? 어떤 고객과 거래하기 쉬운가? 글로벌 영업 교육·조사·기술 기업 밀러 하이만은 다음과 같이 고객의 인구 통계 및 심리 통계를 살펴볼 것을 제안한다.
  - 타깃 고객의 규모
  - 제품의 최종 사용자 수
  - 고객이 보유한 장비의 연령 및 상태
  - 고객과 당신 사이의 거리
  - 시장에서 평판에 대한 중요성

  - 윤리적 기준
  - 사람을 대하는 태도
  - 혁신에 대한 개방성
  - 양과 질에 대한 상대적 중요도
- 회사의 세일즈 및 마케팅 자원이 제한되어 있는가?
- 회사에서 판매하는 제품의 일부만 구매하는 고객이 있는가?
- 판매 주기가 일반적으로 길고 복잡한가?
- 판매하기 전에 여러 의사 결정권자의 승인을 받아야 하는가?
- 마케팅 프로그램의 ROI를 더 잘 보여줄 수 있기를 원하는가?

조직이 크든 작든 중요하지 않다. 위의 질문에 '예'라고 답한 경우 당신의 조직은 ABM 프로그램의 혜택을 받을 수 있을 것이다.

## ABM 구현의 이점

어카운트 기반 마케팅은 과거 광범위한 인지도를 만들기 위해 시장에 일반적인 메시지를 외치는 매스미디어 마케팅의 한계를 벗어나 고객 충성도를 생성하기 위해 더 좁고 맞춤화된 접근 방식으로 변화한 것이다. ABM은 주요 어카운트에 도달하기 위한 매우 표적화된 접근 방식이다. B2B 마케팅 조사 기관 ITSMA는 최근 연구에서 ABM 프로그램 구현과 관련해 다음과 같은 이점이 있음을 밝혔다.

- 기업의 84%는 ABM이 다른 마케팅 이니셔티브보다 더 높은 ROI를 제공한다고 말했다.
- 76%는 ABM이 고객이 조직을 신뢰하는 데 도움이 되었다고 응답했다.

- 57%는 세일즈를 통해 어카운트 내에서 더 많은 기회를 발견할 수 있다고 말했다.
- 어카운트 침투율 57% 증가(지갑 점유율[8], 수익 및 마진)
- 48%는 세일즈를 통해 고객과 더 의미 있는 대화를 나눌 수 있었다고 응답했다.

우리와 함께 일한 기술 기업은 긴밀하게 짜인 전략적인 ABM 프로그램을 구현했다. 마케팅 및 세일즈 리더는 가능한 기회 규모, 현재 지출, 위치 및 구매 성향을 기반으로 이상적인 가망고객 목록을 만들기 위해 긴밀히 협력했다. 그런 다음 그들은 어카운트 내 연락처 수 확대, 경영진과의 보다 강력한 관계 개발, 포트폴리오 전반에 걸쳐 더 광범위한 판매와 같은 주요 목표를 설정했다. 그 결과 전년 대비 높은 성장을 기록하고 세일즈 및 마케팅팀 정렬을 강화할 수 있었다. 각 팀이 공통된 어카운트 목표를 위해 노력하고 있었기 때문이다.

## 어떻게 시작하는가?

여기에서 성공적인 ABM 프로그램을 구현하는 데 사용할 수 있는 5단계 프레임워크(그림 8.1)를 제공한다. 마케팅 기술이 끊임없이 변화함에 따라 최고의 기술 파트너를 결정할 것을 권장한다. 그러나 타깃 고객의 공감을 불러일으키는 가치 제안을 만드는 작업을 먼저 수행하지 않고 제품 기능 중심 콘텐츠를 내보내는 경우 새로운 기술을 사용하는 것은 위험하다.

8 한 명의 고객이 지출 가능한 돈에 대해 자사 제품 구매가 차지하는 비율

| 어카운트 선정 | 어카운트 수준 조사 | 고객 가치 제안 | 맞춤형 자산 | 마케팅+세일즈 전달 |
|---|---|---|---|---|
| •"시장의 판도를 바꿀" 고객 리스트 정리 | •산업 동향<br>•기업 뉴스<br>•의사결정 단위<br>•컨택 정보 | •기업 및 제품 수준의 메시지 작업<br>•산업 동향에 대한 깊은 이해<br>•타깃 기업 및 각 부서를 위한 가치 제안 | •고객사 각 부서 및 담당자에 걸맞은 통합 마케팅 패키지(이메일/광고/백서/비디오/체크리스트/이벤트 등)<br>•내부 동의를 받을 수 있는 콘텐츠 | •고객에 침투하기 위한 통합 계획<br>•고객 각 부서의 염려를 담은 세일즈북<br>•진척도 체크 및 평가 |

그림 8.1 세일즈 진전을 위한 방법: 5단계 프레임워크

### 올바른 어카운트 선정

이상적인 고객을 식별하는 것으로 시작한다. 가치 체계의 최상위에 도달하면 가장 중요한 고객이 누구인지 명확한 결정을 내려야 한다. 상호 가치가 달성되는 전략적 어카운트를 선정하는 것이 좋다. 즉, 고객사가 여러분 회사의 제품과 서비스를 사용함으로써 더 많은 가치를 느끼고 그로 인해 더욱 값진 파트너십이 생겨야 한다.

올바른 어카운트 선정은 상대적으로 적은 숫자이어야 한다. 많은 기업이 매출의 80%가 고객의 20%에 의해 발생하는 파레토 효과를 경험할 것이다. 예를 들어 우리 고객 중 하나인 대형 통신 회사는 10곳의 고객사로부터 20억 파운드의 매출을 창출하고 나머지 2,500곳의 고객사로부터 60억 파운드의 매출을 창출한다.

회사마다 이상적인 고객을 다르게 정의하지만 다음과 같은 몇 가지 기준을 고려해야 한다.

- 어떤 회사가 당신이 제공하는 것과 자연스럽게 일치하는가?
- 어떤 회사가 당신의 제품/서비스로부터 가장 큰 혜택을 받을 것인가?
- 어떤 회사가 당신의 서비스와 전문성을 가장 높이 평가할 것인가?

- 성장시키려는 특별한 틈새시장이 있는가?
- 회사에서 가장 수익성이 높은 고객은 누구인가? 그 기준은 무엇인가?
- 지갑 점유율이 거의 없지만 제안을 통해 큰 혜택을 받을 수 있다고 생각하는 기존 어카운트가 있는가?

## 어카운트 레벨 조사

앞서 고객 테마 및 트리거를 식별하는 기술에 대해 논의했다. ABM과 관련하여 동일한 기술을 적용하여 특정 고객에게 영향을 미치는 핵심 포인트를 파악할 수 있다. 이것은 어카운트 수준을 넘어서 부서 및 개별 담당자에 대해 심층적으로 접근하는 방식이다.

어카운트 수준의 조사는 KAM 계획 또는 전통적인 어카운트 세일즈 계획을 보완한다. 조사 단계에서 어카운트에서 일어나는 일을 이해하고 문서화하여 해당 어카운트에 도달하고 참여하기 위한 맞춤형 메시지와 방법을 개발할 수 있다.

**검토할 영역들:**

- 회사 뉴스 - 보도 자료, 연례 보고서, 소셜 미디어 게시물
- 경쟁사 검토 - 웹사이트, 보도 자료
- 산업 보고서 - 미디어, 무역 및 애널리스트 간행물
- 연락처 데이터베이스 - 링크드인, Data.com, NetProspex 등
- 소셜 미디어 프로필 - 의사 결정자가 될 가능성이 있는 사람은 누구인가? 그들에 대해 무엇을 알 수 있는가?

구매 결정에 관여하는 모든 이해관계자의 목록인 의사 결정 단위DMU, Decision Making Unit를 함께 구성하는 것이 좋다. 그들의 이름, 직위, 연락처 세부 정보 및 특히 의사 결정 과정에서 그들이 수행하는 역할을 포함해야

한다. 개인화된 정보를 많이 찾을수록 더 좋다. 고객과 더 깊은 수준에서 연계되고자 할 때 훌륭한 통찰력을 제공한다.

### 고객 가치 제안

ABM이 성공하려면 도달하려는 회사에 특정한 가치 제안을 만들어 주어야 한다. 또한 DMU의 각 구성원을 위한 맞춤형 메시지를 작성해야 한다. 당신의 목표는 고객이 달성하려는 것을 이해하고 있음을 보여주고 솔루션이 고객에게 어떻게 도움이 될 것인지 설명하는 것이다.

2장에서 콜센터 설치에 대한 의사결정 시 각 부서의 최고경영진은 각자 다른 관점의 가치를 추구했다(그림 2.2). IT 담당 임원은 소유 비용에, 마케팅 담당 임원은 고객 유지율에, HR 담당 임원은 인건비 절감에 관심이 높았다. 즉 ABM을 구축할 때 의사결정에 참여하는 이해관계자의 관점에 따라 조금씩 다른 모습의 이해관계자 맞춤형 메시지를 개발해야 한다.

### 맞춤형 자산 및 제안

마케팅 메시지, 자료 및 제안이 개인화되고 정교할수록 잠재 구매자에게 도달할 가능성이 커진다.

일관되고 설득력 있는 메시지를 활용해 잠재 고객을 어떻게 앞서 나갈 것인가? 여기에서 창의성이 발휘되어야 한다. 예를 들어 우리와 함께 일한 한 회사는 공개적으로 사용할 수 있는 위치 및 통신 정보를 이용해 잠재 고객에게 맞춤형 DM 패키지를 제공했다. 그들은 패키지를 고객사의 의사 결정권자에게 보냈고, 세일즈 활동과 미팅의 증가로 이어졌다. 3장에서 설명했듯이 고도로 맞춤화된 제안을 전달하려면 영업사원만의 독특한 제안 방법이 필요하다.

ABM 프로그램은 최소 6개월에서 12개월 동안 구축되어야 하며 구매자와 관련된 다양한 마케팅 및 세일즈 전술을 통합해 판매 프로세스를 진행하는 행위이다. 구매자가 다양한 방식으로 회사와 상호작용한다. 온라인, 모바일, 이벤트, 대면 회의 등 모든 각도에서 생각해 보아야 한다.

복잡한 세일즈 환경에서 사용할 수 있는 가장 강력한 자산은 바로 고객이 당면한 문제에 대한 해법을 제공하는 것이다. 고객은 각 부서에 문제를 해결할 해법을 공유할 것이다. 전자책, 백서 및 비디오는 쉽게 공유할 수 있어 인기가 있다. 실제로 CEB조사에 따르면 경영진의 91%는 마케팅 콘텐츠가 통찰력 있고 관련성이 있다고 판단되면 기꺼이 직원들에게 공유할 것이라고 응답했다.

## 마케팅 및 세일즈 전달

ABM은 목표 어카운트에 도달하기 위해 세일즈팀과 마케팅팀 사이에 통합된 전개 계획이 있는지 확인하는 데 도움이 된다. 보다 구체적으로 말하면 두 팀이 프로그램의 방향에 대해 명확하게 알 수 있도록 성공의 모습을 정확히 정의해야 한다.

예를 들어:

- 어카운트 내 담당자 연락처 수를 더 늘리려고 하는가?
- C레벨과 더 강력한 관계를 구축하고자 하는가?
- 입찰 승률을 높이려고 하는가? 매출 성장에 영향을 미치는가?

마케팅 계획이 어카운트 수준에서 개발되고 있기 때문에 세일즈 부서는 고객 지원 부서에 피드백과 후속 조치를 제공하는 데 적극적인 역할을 담당해야 한다.

어카운트 기반 광고를 수행할 수 있도록 돕는 여러 마케팅 테크 기업이 있다. 개별 구매자의 온라인 IP 주소를 사용하여 지역, 위치 등을 실시간으로 확인할 수 있다. 이것은 자체 온라인 조사를 수행할 때 구매자에게 도달해 본인의 회사에 대해 상기시킬 수 있는 중요한 구성요소이다. 다이렉트 메일, 이메일 및 텔레마케팅은 개별 고객에게 도달하고 세일즈 미팅을 확보할 수 있는 좋은 방법이다. 가장 이상적인 잠재 고객과 관계를 구축하기 시작할 때는 경영진을 고객사 담당자에게 소개하여 회사 차원의 관심을 보여주는 것도 좋다. 예를 들어 CEO 대 CEO 만남은 새로운 잠재 고객과 연결하고 신뢰를 입증하는 방법으로서 매우 효과적이고 강력하다.

웹사이트 방문에서 데이터를 수집하는 것 외에도 오프라인 전술도 매우 강력할 수 있다. 예를 들어 우리는 경영진 원탁 토론회를 성공적으로 주최한 여러 조직과 협력해 왔다. 토론회는 보다 전략적인 수준에서 중립적인 대화를 나누고 유익한 통찰력으로 이어질 수 있도록 설계되었다.

ABM의 목표는 최고의 고객 및 잠재 고객과 견고한 관계를 구축하는 것이므로, 세일즈팀이 가치 제안에 대해 논의할 준비가 되어 있는지 확인하고 각 의사 결정자와의 대화를 맞춤형으로 준비해야 한다. 우리 고객 중 일부는 대화를 탐색하는 데 도움이 되는 메시지 플레이북을 세일즈팀에 제공하기로 했다. 메시지 플레이북에는 일반적으로 고객에 대한 설명, 고객의 비즈니스 문제, 비즈니스 관련 질문, 고객 사례 및 사례 연구, 기능 영역별로 명확하게 설명된 가치 제안이 포함된다.

마지막으로 각 어카운트의 진행 상황 및 항목을 논의하기 위해 공식 검토 프로세스를 설정하는 것이 좋다. 도달하려는 각 어카운트에 대해 더 많이 알게 됨에 따라 고객 피드백을 강화하기 위해 프로그램, 메시지 및 전술을 계속 발전시키는 것이 중요하다.

## 어카운트 기반 마케팅의 일반적인 함정

ABM 프로그램 구축을 시작할 때 피해야 할 일반적인 함정이 있다.

### 세일즈팀과 마케팅팀이 일치하지 않음

ABM 프로그램이 성공하려면 세일즈와 마케팅이 같은 곳에 있어야 한다. 이것은 같은 일을 하지만 다른 결과를 기대하는 조직에 종종 문제가 되는 영역이다. 프로그램의 목표를 간략하게 설명하고 두 부서가 대상 고객 목록, 메시지 및 지원 계획에 대해 동의하는지 확인하라. 그리고 결정적으로 두 부서의 담당자들이 5단계 프레임워크에 참여해야 한다. 핵심 데이터의 입력 및 분석을 무시하고 프로그램을 진행했다가 어카운트 선정 단계로 다시 돌아가야 할지도 모른다.

### 너무 많은 어카운트

2ABM의 노동 집약적 특성을 감안할 때 적은 수의 어카운트로 시작하는 것이 좋다. 모든 잠재 고객에게 일반적인 마케팅 콘텐츠와 메시지를 보내고 싶은 유혹을 받을 수 있다. 하지만 이렇게 하면 메시지가 약해지고 마케팅 자료가 쓰레기통으로 바로 보내진다.

### 모든 사람에게 맞는 패키지 만들기

맞춤형 마케팅 자료를 만드는 데 시간이 오래 걸릴 수 있음을 알고 있다. 이 시점에 도달하기 전에 주요 문제 및 기회에 대한 테마와 업계 수준의 관점을 개발하게 될 것이다. 가치 체계의 최상단에 있는 ABM 버전에서는 관련성이 높고 맞춤화된 가치 제안을 생성하기 위해 고객 및 개인 수준에서 더 깊이 파고들 것을 요구한다.

### 너무 이른 포기

당신의 조직은 잠재 고객이 프로그램을 수행하기 전에 먼저 피곤함을 느끼게 될 것이다. 우리는 많은 조직이 ABM을 포기하고 내부의 다른 우선순위로 이동하는 것을 보았다. 체계적인 프로세스를 구현하여 프로그램의 성공을 평가하고 관련성과 영향력을 유지하기 위해 메시지와 전술을 발전시킬 방법을 논의하라.

### 고립에서 시작

어카운트 수준에서 시작하는 것은 우리가 목격한 확실한 접근 방식이다. 그러나 이 작업을 단독으로 수행할 경우, 관련 없는 제품의 푸시 메시지와 함께 타깃이 넓어져 메시지가 희석되는 위험이 존재한다. 따라서 마케팅 및 세일즈 부서의 모든 주요 담당자를 가치 테마 수준에서부터 프로그램에 참여시켜야 한다.

성공적인 ABM은 거래처에 서비스를 제공하는 세일즈 담당자 및 주요 거래처 관리자와 명확한 가치 제안과 긴밀한 협력에 전적으로 의존한다. 마케팅과 세일즈가 조화롭게 작동하도록 하는 것이 얼마나 어려운지 모두가 알고 있다.

# 제9장

# 마케팅 및 세일즈가 고객과 정렬되었는지 확인하기

**✱ 이 장에서 학습할 내용**

- 마케팅과 세일즈가 고객과 정렬하는 것이 중요해지는 이유
- 최신 연구에서 정의 내린 정렬의 의미
- 조직이 얼마나 잘 정렬되어 있는지 확인하기 위한 방법론
- 시장에서 개선된 성과를 끌어내기 위한 정렬 개발 방법

마케팅 및 세일즈 정렬 여부에 따라 캠페인이 잘될 수도, 그렇지 않을 수도 있다. 그러나 이것은 마케팅과 세일즈의 정렬이 아니라 궁극적으로 고객과의 정렬에 관한 것이다. 이 장에서는 마케팅 및 세일즈가 고객과 얼마나 잘 정렬되어 있는지 알아내는 방법을 다룬다.

## 정렬의 정의

이 장에서 사용할 정렬의 정의는 다음과 같다.

정렬하는 행위 또는 정렬된 상태; 특히: 부품(기계 또는 전자 장치)의 적절한 위치 또는 조정 상태가 서로 관련되어 있다.

서로에 대한 집단 또는 힘의 배열

출처: Merriam-Webster.com, 2016

## 접근

이 장에서 우리는 4장에서 고객과 시장을 이해하기 위해 제시한 접근 방식을 모델링하여 '우리 제품 체험해 보기'를 진행할 것이다.[9] 마케팅 및 세일즈 정렬에 대한 선행 연구를 검토하는 것으로 시작하겠다. 그다음 120명 이상의 마케팅 및 세일즈 실무자를 대상으로 한 설문조사와 50명의 마케팅 및 세일즈 리더와의 심층 인터뷰를 통해 조사한 결과를 다룰 것이다. 그런 다음 조직이 현재 얼마나 잘 정렬되어 있는지 평가하는 데 도움이 되는 도구를 제공할 것이다. 마지막으로 우리는 고객 정렬을 통해 매출 성장을 이끌 수 있는 처방을 내놓을 것이다.

## 정렬이 중요한 이유는 무엇인가?

고도로 정렬된 조직이 더 나은 결과를 얻는다. 2011년 애버딘 그룹의 연구에 따르면 고도로 정렬된 조직은 전년 대비 평균 32%의 매출 성장을 달성했지만 그렇지 못한 조직은 7%의 매출 감소세를 보였다. 그럼에도 불구하고 포레스터의 연구에 따르면 세일즈와 마케팅이 긴밀하게 정렬되어 있다고 답한 기업은 8%에 불과했다.

최근의 연구는 마케팅과 세일즈 부서 간 정렬이 쉽지 않음을 보여준다. 미국 HR 기업 란트스타트의 설문조사 '세일즈와 마케팅의 구분'에 따르면 영국 기업의 80%가 세일즈와 마케팅 간 긴밀한 정렬의 이점을

9 개 사료 개발자들이 직접 개발한 사료를 먹어 제품을 향한 자신감과 품질을 보여주는 것을 의미한다.

인식하고 있음에도 40%의 기업에서 두 기능을 통합할 시스템이 아직 없었다. 마케팅과 세일즈를 더 가깝게 만드는 데 가장 큰 장벽은 경직된 조직 구조(34%)와 세일즈 및 마케팅 역할에 대한 기업 문화 편향(26%)으로 나타났다.

톰 피셀로는 도서 〈짠돌이 경제학〉에서 시리우스 디시전의 연구를 인용하며, 세일즈 직원의 32%가 마케팅 부서로부터 받은 유용한 콘텐츠가 부족하다는 것을 발견했다. 〈전략과 세일즈의 정렬〉에서 프랭크 세스페데스는 고객이 원하는 바를 충족시키기 위해 세일즈와 마케팅이 정렬이 된 경우는 40% 미만이라고 말했다.

따라서 세일즈 및 마케팅 정렬은 어느 때보다 중요한 문제로 보인다. 잠재적 구매자가 온라인에서 많은 제품 및 회사 정보를 얻는 옴니채널 시대에 피셀로는 구매자의 67%가 세일즈 담당자와 소통하기 전에 이미 원하는 솔루션 구매에 대한 명확한 로드맵을 가지고 있다고 지적한다.

## 정렬 이슈: 학술 연구는 무엇을 말하는가?

SMI 문헌에서 다루는 많은 주제가 있다. 우리는 마케팅과 세일즈 부서 간 경제적 차이, 문화적 차이, 인지적 또는 생각 세계의 차이에 초점을 맞출 것이다.

### 경제적 차이

차이는 예산 배분에서 발생한다. 자원이 한정적이기 때문에 모든 마케팅 및 세일즈 활동에 예산이 지원되는 것은 아니다. 코틀러 등은 제품, 가격, 판촉, 유통, 물리적 증거, 프로세스 및 사람 등 7P의 마케팅 믹스에 내재된 긴장관계를 지적한다.

가격 관점에서 마케팅은 정가를 설정하는 반면 세일즈는 개별 거래의 성공을 위해 CFO에게 가격 변동을 요구할 수 있다. 판촉과 관련하여 예산이 어디에 사용되는지가 매출에 결정적일 수 있는데, 앞서 연구에서 본 것처럼 예산 사용처에 대한 의견이 마케팅과 다를 수 있다. 가령 세일즈 담당 부사장은 광고나 브랜드 구축 활동에 지출되는 비용보다 영업사원의 충원을 선호할 수 있다. 목표와 인센티브도 상충할 수 있다. 세일즈 부서는 매출 및 수익 목표 달성에 대해 보상을 받는 반면, 마케팅 담당자는 판매 목표와 직접 관련되지 않는 프로젝트 목표를 달성함으로써 인센티브를 받을 수 있다. 제품 마케터는 이익을 주요한 성과를 지표로 삼지만, 세일즈는 판매량에 초점을 맞추는 경향이 있다.

## 문화의 차이

베버랜드 등은 마케팅팀과 세일즈팀 사이의 문화적 차이를 이해하려고 했다. 그들은 문화적 프레임이 상호 간 긴장을 초래하는지 조사했다. 문화를 '행동에 영향을 미치는 정신적 프레임'으로 정의하고 두 조직간 문화적 가정의 차이를 조사했다.

세일즈 및 마케팅을 차별화하는 문화적 프레임에서 4가지 문화적 프레임이 확인되었다.

- 활동 관심 범위 - 세일즈는 단일 또는 소규모 고객 그룹에 초점을 맞추지만 마케터는 시장 전체를 관찰한다.
- 시간 범위 - 세일즈는 단기적이고 즉각적인 고객 요청에 중점을 둔다. 마케팅은 더욱 장기적인 분야에 초점을 맞추고 일상적인 고객 문제에는 그다지 관심을 기울이지 않는다.

- 유효한 지식 출처 - 마케팅은 세일즈를 단기적이고 소소한 고객 정보의 출처로만 간주하고 전략적인 정보를 줄 수 있을 것으로 기대하지 않는다.
- 환경과의 관계 - 세일즈 부서에서는 고객 요구 사항에 응대하는 것이 무엇보다도 중요하다는 인식이 있다. 마케팅에는 이익을 높이고, 지속해서 성장하기 위해 시장을 주도하는 것이 중요하다.

세스페데스는 마케팅과 세일즈의 관계를 '따로 또 같이'라는 표현으로 설명했다. 그는 마케팅 측면에서 도움이 되지 않을 수 있는 특정 개별 고객을 위해 세일즈팀이 맞춤형 접근을 원할 수 있다고 지적했다. 한편 루지에스와 헐랜드에 따르면 매출이 높은 고객을 위해 세일즈 및 마케팅이 뜻하지 않게 정렬될 수 있음을 확인했다. 권력관계가 명확한 B2B 비즈니스에서 이러한 일이 종종 발생하기도 한다.

## 인지적 생각 세계 차이: 같은 파장인가?

홈부르크와 옌센은 마케팅과 세일즈의 생각 세계의 차이가 유익한지 아닌지, 의사 결정을 내릴 때 도움이 되거나 방해가 되는지 확인했다. 조사 결과 전반적으로 세계관의 차이는 마케팅과 세일즈 간의 협력을 방해하여 성과를 저하하는 것으로 나타났다. 반면에 세계관 차이의 특정 측면은 성과를 향상하는 데 도움이 되는 것으로 나타나기도 했다.

차이의 본질에 대한 상반된 견해가 있다. 일부는 두 그룹이 유사한 사고 세계를 가져야 한다고 요구했다. 한편 그룹 간 차이를 지지한 이들도 있었다. 세스페데스는 "해결책은 이러한 그룹 간의 차이를 제거하는 것이 아니다"라고 말했다.

홈부르크와 옌센은 다양한 사고 세계가 긍정적인 영향을 미칠 수 있음을 발견했다. 그러나 역량 차이는 성과에 부정적인 영향을 미쳐 좋지 않은 것으로 나타났다. 대인 관계 기술의 차이와 마케팅 및 세일즈 간 축적된 지식의 차이 역시 최적의 의사 결정을 방해하는 요인이 된다.

## 마케팅 전략에 대한 세일즈팀의 '동의'

학술 연구가 탐구하는 또 다른 주제는 세일즈팀이 마케팅 전략에 참여해야 할 필요성에 관한 것이다. 우리는 이미 캠페인에 대한 세일즈팀의 동의를 얻지 못한 제인에게 무슨 일이 일어났는지 살펴보았다. 그렇다면 이 동의가 중요한 이유는 무엇인가?

영업사원은 기업이 전략을 적절하게 구현하는 데 중요한 역할을 한다. 그러나 때때로 불신과 편견 때문에 마케팅과 세일즈가 서로의 역할과 기능을 이해하는 것이 어려워진다. 마케팅이 전략 개발 과정에서 세일즈를 포함하지 않는 경우 계획은 효과적이지 않을 수 있다. 이것은 세일즈팀에서 마케팅팀의 계획을 지원하지 않을 수 있음을 의미한다.

말셰와 소히는 세일즈팀의 동의를 얻는 것이 4가지 핵심 요소로 구성되어 있음을 발견했다.

| 동의의 요소 | 주요 측면 |
|---|---|
| 객관성 및 합리적 설득 | 세일즈팀이 전략 뒤에 존재하는 논리를 이해함으로써 '왜?'를 설명할 수 있다. 더 이상 세일즈팀은 단순한 수행자가 아니다. |
| 현실에 대한 감수성과 민감성 | 마케터들이 세일즈팀이 가진 관점, 경험을 감사히 여기고 받아들인다면 세일즈 담당자들은 마케팅팀이 하는 이야기를 보다 긍정적으로 받아들이게 된다. |
| 전략 개발에 대한 관여 | 마케팅팀은 전략 수립 과정에서 세일즈팀을 관여시키고 그들이 가질 수 있는 다양한 의견과 논의할 준비를 해야 한다. |
| 성공을 위한 포지셔닝 | 세일즈팀은 마케팅팀이 자신의 성공에 도움이 될 포지셔닝을 해주기를 바란다. 피드백을 주고 전략에 반영하여 궁극적으로 영업 목표를 달성하는 데 도움을 주기를 원한다. |

그림 9.1 세일즈팀의 동의를 위한 요소

'동의'라는 개념은 말세와 소히가 제안한 4가지 요소로 정리할 수 있다. 정렬은 어떻게 가능해지는가? 어떤 공유 프로세스를 개발해야 하는가? 어떻게 정보를 효과적으로 공유하는가? 이것은 실무자들이 씨름하는 질문이다.

## 조사 결과

가치 제안을 만들고 개발하는 것과 관련하여 마케팅과 세일즈가 고객에게 얼마나 잘 정렬되었는지에 대한 연구가 많지 않았다. 이를 염두에 두고 자체적으로 1차 연구를 수행했다.

첫 번째 연구에서 우리는 주로 미국과 영국에 기반을 둔 120명 이상의 세일즈 및 마케팅 실무자를 대상으로 설문조사를 진행했으며, 이들 중 다수는 글로벌 고객 기반을 갖고 있다. 우리는 그림 9.2에 요약한 흥미로운 결과와 함께 정렬 테스트를 위해 물었다.

## 고객이 당신에게서 구매하는 이유는 무엇인가?

고객이 당신의 조직에서 구매하는 이유를 명확히 해야 한다는 것이 정렬의 기본 원칙이다. 영업사원의 67%가 이유를 명확히 알고 있다고 생각하는 반면 마케터의 64%는 어느 정도 명확하게 알고 있다고 응답했다. 그렇다면 이 격차는 어디서 발생한 것일까?

앞에서 설명한 문화적 차이로 설명될 수 있다. 세일즈는 단일 고객 또는 소규모 고객 그룹에 중점을 두고 있으며 이를 통해 고객이 구매하는 이유가 분명하다고 생각한다. 마케터가 처리해야 하는 더 넓은 시장 범위에서는 명확성을 얻지 못하는 경우가 있다.

세일즈 담당자의 21%가 고객과 관련한 중요 정보를 마케팅팀에 제공하라는 요청을 받은 적이 없다고 말했다. 이것은 마케터가 세일즈를 전략적 정보에 대한 유효한 출처로 간주하지 않기 때문일까? 이유가 무엇이든 구매 이유와 세일즈 담당자로부터 정보를 취득하는 것 사이에는 분명한 연관성이 있을 수 있다.

## 경쟁업체와 차별화되는 점은 무엇인가?

경쟁자를 이해하는데도 비슷한 격차가 존재한다. 마케터의 45%가 자기 조직이 경쟁업체와 차별화되는 요소에 대해 약간 명확하거나 명확하지 않다고 말했다. 반면 세일즈 담당자의 66%는 이에 대해 명확하게 인식하고 있다고 응답했다.

다시 말하지만, 이는 문화적 차이로 볼 수 있는데, 마케팅은 유효한 정보 출처로서 세일즈를 활용하지 않는다는 것을 의미한다.

| 질문 | 마케팅 | 세일즈 | 추가 질문 |
|---|---|---|---|
| 고객이 당신의 회사로부터 구매하는 이유를 명확히 아는가? | 64% : 어느 정도 명확히 안다고 응답 | 67% : 매우 명확히 안다고 응답 | 명확성과 관련하여 세일즈와 마케팅 간 큰 단절의 이유는? |
| 마케팅팀은 얼마나 자주 고객에게 중요한 사항을 물어보는가? | | 21% : 질문을 받아본 적이 없다고 응답 | 부서 간 단절을 의미하는가? |
| 경쟁사와의 차별화 지점이 명확한가? | 45% : 약간 명확하거나 명확하지 않다고 응답 | 66% : 차별화 포인트가 명확하다고 응답 | 명확성과 관련하여 세일즈와 마케팅 간 큰 단절의 이유는? |
| 명확한 가치 제안이 존재하는가? | 40% : 약간 명확하다고 응답 | 58% : 약간 명확하거나 명확하지 않다고 응답 | 고객에게 다가갈수록 가치 제안이 더 어려워지기 때문인가? |
| 콘텐츠 마케팅은 얼마나 효과적인가? | 75% : 약간 효과적이라고 응답 | | |
| 마케팅에서 만든 자료 중 실제로 몇 %나 사용하는가? | | 81%의 세일즈 담당자가 25%나 그 미만을 사용한다고 응답 | |
| 마케팅에서 만든 자료가 얼마나 효과적인가? | | 64% : 약간 효과적이거나 효과가 없다고 응답 | |
| 어떤 마케팅 자산이 세일즈팀에게 도움이 되는지 명확한가? | 75% : 약간 명확하거나 명확하지 않다고 응답 | | |
| 고객을 위한 마케팅과 세일즈의 정렬이 어느 정도 이루어졌는가? | 48% : 약간 정렬되었다고 응답 | 41% : 약간 정렬되었거나 정렬되지 않았다고 응답 | |
| 새로운 콘텐츠 제작 시 세일즈팀에서 얼마나 관여하는가? | 50% : 약간 관여 혹은 미관여라고 응답<br>20% : 전혀 관여하지 않는다고 응답 | 73% : 약간 관여 혹은 미관여라고 응답<br>27% : 전혀 관여하지 않는다고 응답 | 세일즈팀은 마케팅팀이 생각하는 것보다도 덜 관여하는가? |

그림 9.2 정렬에 대한 조사 결과

세일즈로부터 얻은 정보를 포함하는 조사를 통해 마케팅은 우리 조직이 경쟁사와 어떻게 차별화되어야 하는지 선언해야 한다. 차별화 포인트는 고객에게 중요한 요소다. 이후 시장에서 경쟁 포지셔닝이 제대로 작동하는지 확인하기 위해 세일즈 및 다양한 채널을 통해 상시적인 피드백을 구해야 한다.

## 우리 회사에 명확한 가치 제안이 있는가?

마케터의 40%와 세일즈 담당의 58%가 약간 명확하다고 답했기 때문에 이 질문에 대한 확신이 별로 없는 것으로 보인다.

마케터의 자신감 부족은 가치 제안이 고객에게 얼마나 공감을 불러일으킬지, 얼마나 쉽게 설명될 수 있는지에 대한 확신이 없기 때문이다. 고객이 직면한 문제에 완벽히 공감해야 할 세일즈팀에서도 명확하지 않다고 응답한 것은 고유한 가치 제안을 만드는 것이 얼마나 어려운 것인가를 보여준다.

## 콘텐츠가 얼마나 유용한가?

우리는 여기에서 마케터가 콘텐츠 마케팅에 대해 어떻게 느끼는지 이해하고 마케팅이 제공하는 자료에 대해 세일즈가 어떻게 느끼는지 이해하기 위해 질문했다. 그 결과는 매우 흥미로웠다.

마케팅의 75%가 자신의 콘텐츠 마케팅이 '약간 효과적'이라고 생각했다. 한편 같은 비율의 마케터가 세일즈팀이 가장 중요하게 생각하고 사용하는 마케팅 자산이 무엇인지에 대해 다소 명확하거나 명확하지 않다고 응답했다.

이 관점을 반영하여 마케팅을 통해 생성된 자료 중 실제 세일즈에서 사용된 비율을 물었을 때 세일즈 직원의 81%는 '25% 이하만 사용했다'고 응답했으며 또한 64%의 세일즈 담당자는 '마케팅을 통해 생성된 자료들이 약간 효과적 또는 효과적이지 않았다'고 응답했다.

비율이 낮은 이유는 무엇인가? 마케터는 새로운 콘텐츠를 만들 때 세일즈팀에서 '약간 관여'하거나 '전혀 관여하지 않았다'고 응답했다.

마케터 5명 중 1명은 세일즈 담당자를 관여시키지 않는다고 말했다. 세일즈 직원의 73%는 '약간 관여'하고 있다고 느꼈고 27%는 콘텐츠 제작에 전혀 관여하지 않았다고 응답했다. 이것은 분명히 개선이 필요한 영역이다.

## 현재 실무자들은 무엇을 말하는가?

우리는 이 문제를 해결하는 데 관심이 있기 때문에 고객과의 정렬에 대해 세일즈 및 마케팅 실무자와 많은 시간을 할애했다. 실무자들은 이것을 큰 문제로 인식하고 있었다. 이해도를 높이기 위해 최대 1시간 동안 심층 인터뷰를 진행하였고, 토론에서 나온 세일즈 및 마케팅 담당자의 코멘트를 정리했다. 우리는 이 정보를 사용하여 조직을 개선하기 위한 접근 방식을 제안할 것이다.

### 목표 정렬: 조력자 또는 긴장 지점

"최고 수준의 목표를 정하는 게 목표 정렬이라고 생각한다. 일반적으로 세일즈팀에는 마케팅팀이 갖고 있지 않은 세일즈 목표와 매출 목표가 있다. 따라서 동일한 매출 목표를 마케팅 조직에 더 많이 요구할수록 정렬 관점에서 더 나은 결과를 얻을 수 있다."

글로벌 기업 마케팅 수석 부사장

"마케팅 담당자는 "우리가 4,000개의 MQL을 생성해 이 중 500개를 SQL로 변환했으나 한편으로 많은 기회를 놓쳤다"고 말한다. 따라서 마케팅 활동을 실질적인 세일즈 실적으로 전환할 수 있는 능력의 긴장 지점이 있다."

글로벌 하이테크 기업 사장

"공유된 목표가 큰 원동력이라고 생각한다. 공유 목표는 보상과 연계되어 있어야 한다. 세일즈 담당자와 마케팅 담당자가 동일한 목표를 가지고 비슷한 보상을 받을 수 있다면 비즈니스의 큰 원동력이 될 것이다."

글로벌 기술 회사 세일즈 부사장

마케팅 및 세일즈의 목표가 동기화되어야 한다는 사실은 양측의 정렬을 위한 좋은 출발점 혹은 전제 조건이 된다. 마케팅과 세일즈의 보상 사이에 시너지 효과가 있다면 더욱 좋다. 여기서 문제는 마케터가 항상 세일즈 목표를 공유하는 것은 아니라는 점이다. 이것은 글로벌 하이테크 기업의 대표가 긴장 지점이라고 부르는 것이 될 수 있다. 때때로 마케터는 영업 깔때기의 넓은 입구에 해당하는 인지도와 관심도에 대한 목표에 지나치게 집중한다. 캠페인 수준에서 세일즈팀에 전달된 MQL 또는 SQL에 너무 많은 강조를 할 경우이다. 세일즈팀은 품질에 의심을 제기하는 반면 마케팅팀은 세일즈팀이 좋은 기회를 놓치거나 제대로 거래를 마무리할 능력이 없다고 비난할 가능성이 있다.

요점은 판매가 완전히 이루어질 때까지는 아무 일도 일어나지 않은 것과 같다는 것이다. 궁극적인 성공의 척도는 무엇인가? 잠재 고객에게 어떻게 즉각적인 판매를 기대할 수 있는가? 실무자들은 명확한 역할에 대해 어떻게 생각할까?

## 역할 정렬: 우리는 모두 동기화되어 있는가?

### 캠페인 및 리드 관리 역할

> "리드를 생성하는 데 비용을 집행하려면 리드의 정의를 명확히 하고 특정 기간 내에 수행하겠다는 세일즈 부서의 공식적인 약속이 필요하다. 가치 제안보다 조금 더 전술적이지만 세일즈 및 마케팅 연계를 지속해서 구축하는 데 중요한 부분이다."
>
> 글로벌 기업 캠페인 관리 이사

여기에서 마케팅 이사의 주요 역할은 리드를 생성하는 것이다. 역할의 핵심에는 후속 조치 및 피드백 제공에 대한 약속과 함께 무엇이 좋은 리드를 구성하는지 명확하게 합의된 프로세스가 있어야 한다.

> "나는 모든 판매 스코어카드가 빨간색이고 마케팅 스코어카드가 녹색인 상황을 전달받았다. 그것은 옳지 못한 일이다."
>
> 글로벌 조직 파트장

있어서는 안 되는 것은 마케팅 스코어카드가 녹색인 상황이다. 세일즈에서는 리드를 실제 판매로 전환하는 데 어려움을 겪고 있는데 마케팅만 리드 목표를 달성했기 때문이다. 우리는 마케팅 캠페인 관리와 세일즈가 함께 리드 프로세스와 역할에 동의해야 한다고 제안할 것이다. 이 외에도 거래 성사라는 전체 목표를 주시하면서 공동의 약속이 있어야 한다.

## 정보와 대화의 흐름

> "마케팅과 세일즈의 정렬 측면에서 마케팅팀을 통해 서비스가 구축되고 제품이 출시되고 세일즈 직원을 통해 최종 고객에게 제품이 소개될 것으로 생각하겠지만 강한 단절이 존재하는 경우가 많다. 신제품이 출시될 때 마케팅팀에 세일즈 직원이 관여되어 있으리라 생각하겠지만 대부분이 그렇지 않다."
>
> 글로벌 블루칩 세일즈 부사장

이 인용문에는 많은 내용이 포함되어 있다. 세일즈 및 마케팅 실무자와의 대화에서 끊임없이 주제가 되어온 것이다.

우리가 이야기하는 거의 모든 사람은 두 조직 간의 대화가 대부분 전술적이라는 점을 인정한다. 신제품 출시가 있을 때만 세일즈팀과 마케팅에 대해 이야기하는 것이다. 마찬가지로 세일즈는 마케팅 담당자에게 "다음 고객 이벤트는 언제인가?" 또는 "언제 더 많은 리드가 들어오나?" 정도만 묻는다. 여기에 고객 가치에 대한 진지한 대화는 존재하지 않는다. 제품 푸시에서 고객 중심 조직으로 이동하려면 고객에게 중요한 것이 무엇인지에 대한 더 많은 대화가 필요하다.

> "세일즈팀은 업무가 많아 자발적으로 가치 제안을 만들지 않고, 외부 고객 미팅이 있으면 사내 회의에 참여하고 싶어하지 않는다. 따라서 정렬 작업을 회피하는 것에 대한 피드백이 확실히 있어야 한다."
>
> 미국 금융 서비스 마케팅 이사

따라서 정보 흐름, 특히 고객 가치와 관련하여 역할을 명확하게 하기 위해 노력해야 한다. 이것이 효과적이기 위해서는 세일즈 직원과 연관되어야 한다. 또한 세일즈 직원을 '도로 밖으로' 몰아가는 일이 가볍게 여겨

져서는 안 된다. 정보 및 대화 흐름과 관련된 역할을 명확히 해야 하는 이유가 더욱 커졌다. 결정적으로 이것은 가치 제안의 가시적인 개선으로 이어질 필요가 있다.

전체 가치 제안 개발 프로세스에서 우리가 권장하는 것은 '양측'이 앉아서 '의무'와 '권리'에 동의해야 한다는 것이다. 의무는 직무에서 수행하는 작업의 핵심 요소와 관련 있다.

예를 들어, 마케팅 커뮤니케이션 관리자는 고객과의 세일즈 대화를 지원하는 데 도움이 되는 자료를 제공할 의무가 있다. 세일즈팀은 자료 개발에 대한 정보를 제공할 권리가 있다. 다음은 B2B 어카운트 관리자에 대한 의무 및 권리의 사례이다.

### 어카운트 관리자의 의무

- 제품과 서비스를 고객 기반으로 판매
- 고객 정보를 CRM 시스템에 업데이트
- 정해진 기간 내에 마케팅 리드에 응답
- 고객 어카운트에 대한 성장 계획 개발
- 고객 요청에 대한 문서 작업

### 어카운트 관리자의 권한

- 제품 및 서비스에 대한 최신 정보
- 고객 동향 및 이슈에 대한 업데이트
- 고품질의 검증된 리드
- 성장 계획을 지원하는 마케팅 프로그램
- 사용하기 쉬운 주문 매출 시스템

## 역할의 명확성과 정교함의 격차

> "일반적으로 마케팅과 세일즈 사이에 정교함에 차이가 있다고 생각한다. 세일즈팀에서 "사용 사례와 참조가 필요하고, 실천적 토론을 위한 통찰력이 필요하다"는 말을 듣게 될 것이다. 실천적 토론이 수행되기 위해선 마케팅, 세일즈 모두의 책임과 노력이 필요하다고 생각한다."
>
> 글로벌 하이테크 기업 대표

고객 중심의 커뮤니케이션 접근 방식을 촉진하는 제안 주제를 개발하기 위해서는 정교함 격차를 극복해야 한다. 가치 제안은 고객과 논의하기 시작할 때 더욱 현실적으로 된다. 가치 제안은 반향을 불러일으키고 의사결정 프로세스에 관련된 고객과 관련이 있어야 하므로 보다 정교화되어야 한다. 이 시점에서 세일즈 담당자는 실행할 수 있는 통찰력이 필요하다.

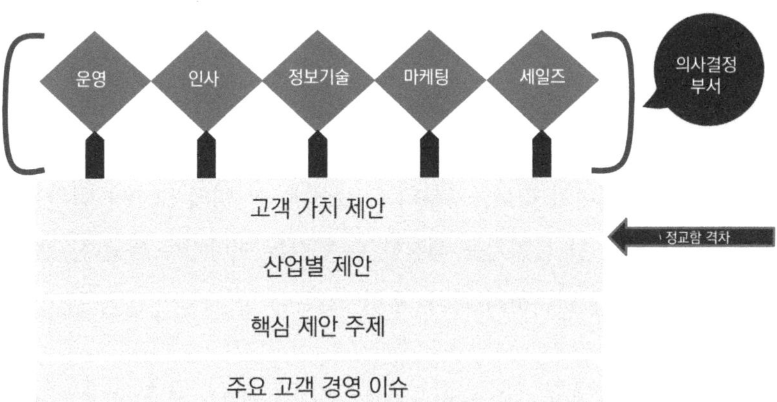


그림 9.3 정교함 격차

인터뷰를 진행하며 우리는 수많은 세일즈 리더가 마케팅에서 얻은 많은 자료가 '너무 일반적'이어서 고객에게 사용할 수 없다고 말하는 것을 들었다. 우리의 관점에서 볼 때 고객을 향한 정교함 격차를 가로질러 가치 제안을 실현하고 고객과 공감하는 것은 주로 세일즈 책임이다. 마케터는 자신이 제공하는 자료가 정교함 격차를 넘을 만큼 충분히 좋은지 확인하기 위해 더 많은 세일즈로부터 정보를 수용해야 한다.

> "대부분의 도전 과제는 마케팅과 세일즈 사이에 존재한다."
>
> 글로벌 하이테크 기업 대표

글로벌 하이테크 기업 대표의 관점에서 볼 때 도전은 마케팅 및 세일즈의 한가운데에 있다. 각자의 역할을 명확하게 만들어 정교함 격차에 대한 정확한 전달 지점을 얻을 수 있다. 마케팅에서 전달되는 가치 제안 자료와 관련하여 '좋아 보이는 것'을 명확하게 정의하는 것이 중요하다. 마찬가지로 중요한 것은 세일즈가 고객을 향한 라스트 마일에서 무엇을 해야 하는지 기대치를 설정하는 것이다.

## 조직에 관한 모든 것

우리는 일부 시니어 리더들로부터 두 조직을 한 명의 CEO나 임원 밑에 두는 것으로 조직 간 불일치를 해결할 수 있다는 이야기를 들었다. 그러나 비즈니스는 그렇게 단순하지 않다. 우리 고객 중 한 사람의 말을 들어보자:

> "마케팅과 세일즈팀이 함께 있거나 개별적으로 존재하는 두 가지 접근 방식 모두 장단점이 있다고 생각한다. 정렬 관점에서 마케팅 및 세일즈 보고가 서로에게 강력하고 긴밀하게 연결되어야 한다. 그러나 내가 지적하고 싶은 것은 조직 관리자의 일하는 방식에 전적으로 달려있다는 것이다."
>
> 미국 금융 서비스 회사 마케팅 이사

만약 당신의 직원들이 100% 세일즈 직원이고 그들이 마케팅을 이해하지 못한다면, 마케팅을 세일즈를 돕기 위한 하나의 작은 조각으로만 볼 것이며 그로 인해 마케팅-세일즈 간 정렬은 이루어지지 않는다. 마케팅팀에서는 자신들이 원하는 바를 얻지 못할 것이기 때문에 불만이 속출할 것이다.

우리는 한쪽에 쏠려 있는 조직보다 리더가 일치하지만 조직 내 별도로 팀이 존재하는 조직에서 성공할 가능성이 더 높다는 것을 확인했다.

## 사고 체계와 문화

"세일즈 직원이나 마케팅 직원은 자신의 분야에서만 일해왔기 때문에 다른 사람의 관점에서 세상을 보지 않는 경향이 있는데 그것이 문화적 격차가 되고 이는 문제로 이어진다."

글로벌 기업 영업 지원 부사장

하룻밤 만에 두 조직 간의 차이가 해결되길 기대하는 것은 세계 평화를 바라는 것과 같이 공허한 일이다. 이 공간에는 해결해야 할 많은 문제가 있으며 다양한 문화와 사고 세계가 이 범주에 속한다.

위에서 언급된 바와 같이 영업 지원 부사장이 상당히 보편적인 문제를 제기하고 있다. 직원이 자주 이동하지도 않고, 역할을 바꾸지도 않기 때문에 문화적 격차가 있다는 견해는 오늘날 많은 연구에서 언급된 내용이다. 이 책에서 다루는 프로그램을 사용하여 더 긴밀한 협력을 위한 계획을 수립할 수 있을 것이다.

> "문제가 무엇인지 모르는 경우 가치 제안을 어떻게 작성할 수 있는가? 대학을 나와 마케팅 마인드를 가진 아주 똑똑한 사람들이 그저 똑똑해 보이는 것에 그칠 때 정렬의 붕괴가 일어난다. 그들은 실제 고객 앞에 서 본 적이 없기 때문에 아무것도 모른다. 테드 토크쇼에도 가보지 않았기 때문에 업계에서 일어나는 일에 대해서도 잘 모른다. 그렇기 때문에 제대로 된 정렬이 일어날 수 없다."
>
> 글로벌 기업 수석 부사장

여기서 우리는 정규 교육과 실제 경험이 불일치될 수 있음을 알 수 있다. 여기에는 여러 가지 문제가 있다. 첫 번째 문장은 고객의 문제가 무엇인지 모르는 상태에서 가치 제안을 개발하는 마케터의 능력에 의문을 제기한다. 이러한 상태에서 가치 제안에 대한 미팅을 방해하는 것은 세일즈팀인 경우가 많다. 세일즈팀은 이러한 회의를 잘 이끌 준비가 되어 있어야 하며, 마케터가 회의를 주재하더라도 부정적으로 대처하지 말아야 한다.

따라서 마케팅과 세일즈가 고객과 얼마나 잘 정렬되어 있는지는 우리 책에 나와 있는 가치 제안 접근 방식 구현 여부와 상관없이 해결해야 하는 문제이다. 기대치와 역할이 명확하게 정해지면 앞으로 나아갈 수 있다. 예를 들어, 우리는 고객 중 한 곳과 협력하여 마케팅팀이 세일즈팀을 돕고, 두 조직이 고객 문제에 대한 많은 이해를 얻을 수 있도록 고객 워크숍을 진행했다.

## 당신의 마케팅 및 세일즈는 고객과 얼마나 정렬되어 있는가?

이제 우리는 모든 상업 및 학술 연구에 대한 견해를 통합하는 모델을 소개할 것이다. 이 도구는 오른쪽 상단 모서리에 있는 '하늘로 가는 고속도로Highway to heaven'에 도달하기 위한 제안이자 현재 위치를 평가하는 데 사용할 수 있는 도구이다. 가장 중요한 것은 고객 정렬이며 이 작업을 효과적으로 수행하려면 마케팅과 세일즈가 정렬되어야 한다는 우리의 견해를 반영한다. 이제 이 책에서 제안한 프로그램을 실행하기 위해 정렬하는 방법에 대한 실용적인 조언을 제공한다.

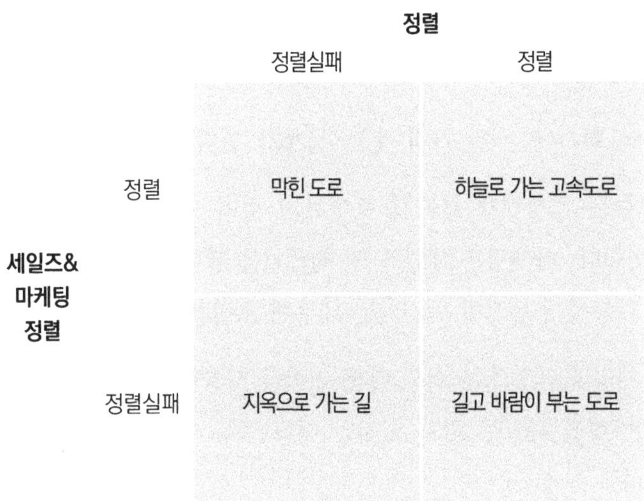


그림 9.4 고객 정렬 로드맵

### 막힌 도로

이 범주의 회사는 좋은 길을 가고 있다고 생각한다. 마케팅과 세일즈가 잘 어울리고 안정적인 콘텐츠를 만들기 위해 노력한다. 메시지는 일관되고 브랜드를 잘 나타낸다. 문제는 어떤 콘텐츠도 고객과 공감하지 않는다는 것이다. 이 회사들은 마케팅 자료를 만들기 전에 고객이 진정으로 원하거나 필요로 하는 것이 무엇인지 이해하는 데 시간을 들이지 않았다. 마케팅 담당자는 마케팅 활동에 대한 투자 수익을 입증하는 데 어려움을 겪을 수 있다.

우리는 이 책의 4장으로 돌아갈 것을 권장한다. 고객 조사에 더 많은 시간과 노력을 투자하는 것이다. 이 작업을 수행한 후에 고객에게 제공되는 자료를 모두 재검토해야 한다. 고객의 마음을 움직이려면 큰 노력이 필요할 수 있다. 그러나 제대로 된 가치 제안을 만드는 데 도움이 될 고객 통찰력을 얻을 수 있다.

## 지옥으로 가는 길

이 범주의 회사에는 두 가지 주요 문제가 있다.

첫째, 그들은 고객에게 동기를 부여하는 것이 어떠한 의미인지 전혀 이해하지 못한다. 마케팅은 세일즈 및 제품팀을 달래기 위해 마케팅 자료를 생산할 가능성이 높으며 메시지는 내부에 초점을 맞추는 경향이 있다.

둘째, 마케팅과 세일즈는 서로 다른 언어를 사용한다. 두 조직 모두 수익을 늘리는 것을 목표로 하고 있지만 어느 쪽도 협력 방법을 이해하지 못하고 있다.

지옥으로 가는 길에서 마케팅과 세일즈는 고객을 혼란스럽게 하고 상충하는 메시지와 캠페인에 돈을 낭비할 수 있다. 그렇다면 이 책의 4장으로 돌아가야 한다. 고객, 시장 및 경쟁자를 이해하는 데 더 많은 시간과 노력을 들인다. 정렬 문제가 큰 문제가 될 수 있다는 점을 감안할 때 우리 프로그램을 잘 따라서 실행해야 한다.

시간이 지날수록 회사가 생존하지 못할 가능성이 더 높다는 것을 인식할 때 우울함이 몰려온다. 마케팅과 세일즈가 서로를 등지고 일하는 문화는 스트레스가 많고 압박감이 가득한 환경을 의미하며 결국 직원들이 회사를 떠나게 된다.

두 부서 간의 격차를 줄이려는 조치를 취하라. 역할과 책임이 명확하게 설명되어 있는가? 고객 문의 및 판매를 처리하기 위한 견고한 프로세스가 있는가? 불협화음은 어디에서 발생하는가?

고객을 위해 사업을 시작했던 시절을 기억하라. 먼저 고객 조사를 수행하여 제품이나 서비스를 구매하는 것이 어떤 의미인지를 파악하라.

## 길고 바람이 부는 도로

이 범주의 회사는 사일로에서 운영된다. 세일즈팀은 일대일 고객 대화를 수행하고 고객 피드백을 수집하고 그에 따라 제품을 판매할 수 있다. 문제는 이 접근 방식이 확장할 수 있지 않고 고객의 눈에는 일관되지 않다는 것이다. 고객은 웹사이트나 고객센터에서 수신하는 것과 완전히 다른 메시지를 마케팅 채널에서 수신할 수 있다.

당신은 조직 내부의 긴장을 느낄지도 모른다. 세일즈와 마케팅은 매출 목표를 달성하지 못한 이유로 서로를 지목하고 있다. 초점을 고객에게서 다시 가져와 장벽을 허물어보자. 그리고 기억하라. 당신은 양쪽 모두의 편이다. 달성하려는 궁극적인 목표에 동의하는 것으로 시작하라.

고객의 입장에서 살펴보겠다. 잠재 고객은 당신의 제품과 서비스를 어떻게 알게 되었을까? 의사 결정 과정에서 도움이 필요하거나 질문에 대한 답변이 필요할 때 어떻게 답변을 얻을까? 세일즈팀에 문의하고 다시 전화를 받는 데 얼마나 걸릴까? 고객의 입장이 되어 내부에 대한 손가락질을 멈추고 문제를 해결할 방법을 찾을 수 있다. 우리 책에 요약된 프로그램 단계를 따를 것을 권장한다.

## 하늘로 가는 고속도로

이 범주의 회사는 고객에게 동기를 부여하는 것이 무엇인지 이해한다. 그들은 정기적인 조사를 의뢰하고 고객 상호작용에서 얻은 피드백을 활용한다. 이는 관련성 있고 가치 있는 콘텐츠의 생성과 마케팅 및 세일즈 조직 간의 건전한 업무 관계로 이어진다. 플랫폼에서 성장을 주도하기 위해 세일즈 및 마케팅 채널을 지속해서 사용해야 한다.

원활하게 운영하는 것은 간단한 일이 아니다. 이 사분면을 계속 유지하려면 마케팅 및 세일즈팀이 공통된 공유 지표 및 목표 집합에 따라 운영되고 있는지 확인하라. 진행 상황을 자주 검토하고 작동하지 않는 영역을 적극적으로 조정하라. 새로운 제품 라인 및 영역으로 비즈니스를 확장할 때 동일한 방식을 적용하도록 각별히 유의하라.

가장 큰 위험은 바로 안일함이다. 에어비앤비, 우버와 같은 기업의 부상을 보면 된다. 이와 같은 잠재적 발전을 포착하기 위해 외부 환경을 충분히 광범위하게 탐색하고 있는지 자문해 보기 바란다. 관건은 우리가 현재 거래하고 있지 않은 고객에게 어떤 잠재력을 제공할 수 있느냐는 것이다. 잠재적인 미래 가치를 탐색하는 것이 핵심이다.

## 정렬을 위한 프레임워크

이제 고객 정렬 로드맵에서 현재 위치에 대한 명확한 보기가 있어야 한다. 정렬 개선을 위한 팁이 개선 경로를 시작하는 데 도움이 되었기를 바란다. 이 책에서 설명하는 가치 기반 접근 방식을 실행하기 위해 몇 가지 실용적인 팁과 템플릿을 제공할 것이다. 이는 고객 가치를 확보하고 성장을 주도하는 데 도움이 된다.

작업을 수행하기 전에 고객에 대한 세일즈 및 마케팅 정렬에 대해 지금까지 알고 있는 내용을 종합하는 것이 중요하다. 고객 가치 실현을 위한 여정을 시작하기 전에 해결해야 할 정렬 원칙이 있음을 주지해야 한다. 그림 9.5에 나와 있는 바와 같다. GRRIPS 정렬 프레임워크를 따른다면 가치 기반 프로그램에 있어 좋은 결과를 얻을 수 있다.

| 동의의 요소 | 주요 측면 |
|---|---|
| 객관성 및 합리적 설득 | 세일즈팀이 전략 뒤에 존재하는 논리를 이해함으로써 '왜?'를 설명할 수 있다. 더 이상 세일즈팀은 단순한 수행자가 아니다. |
| 현실에 대한 감수성과 민감성 | 마케터들이 세일즈팀이 가진 관점, 경험을 감사히 여기고 받아들인다면 세일즈 담당자들은 마케팅팀이 하는 이야기를 보다 긍정적으로 받아들이게 된다. |
| 전략 개발에 대한 관여 | 마케팅팀은 전략 수립 과정에서 세일즈팀을 관여시키고 그들이 가질 수 있는 다양한 의견과 논의할 준비를 해야 한다. |
| 성공을 위한 포지셔닝 | 세일즈팀은 마케팅팀이 자신의 성공에 도움이 될 포지셔닝을 해주기를 바란다. 피드백을 주고 전략에 반영하여 궁극적으로 영업 목표를 달성하는 데 도움을 주기를 원한다. |

그림 9.5 GRRIPS 정렬 프레임워크

## 목표 정렬

목표를 제대로 정렬하는 것이 핵심이다. 여기에서 전략적 목표는 최고 마케팅책임자 및 세일즈 대표의 성과 기록표와 같아야 한다고 권장한다. 이들은 가능한 실무 조직으로 내려갈 필요가 있다. 전략적 목표는 당연히 세일즈 및 마케팅 조직 전체에 공유되어야 한다.

우리는 전략적 목표를 조직의 번창과 생존을 위해 달성해야 하는 것으로 정의한다:

매출, 판매량, 수익성, 고객 만족 및 시장 점유율

이를 뒷받침하는 것은 각 부서가 전략적 목표에 기여하는 방식과 관련된 전술적 목표여야 한다. 예를 들어, 마케팅 커뮤니케이션 관리자는 회사 인지도를 높이는 목표를 가질 수 있다. 캠페인 관리자는 특정 수의 리드를 생성하여 세일즈 직원에게 전달하는 것을 목표로 할 수 있다. 세일즈 관리자는 특정 시간 내에 리드를 판매로 전환하려는 목표를 가질 수 있다. 이러한 전술적 목표는 전략적 목표를 향해야 한다. 보상은 모든 수준에서 전략적 목표와 연결되어야 한다. 전술적 목표와 관련된 보상의 비율은 조직의 수준과 역할에 따라 다르다.

### 역할 정렬

마케팅과 세일즈의 역할이 서로 맞물려 있는 상황에서 전략적 목표를 달성하려면 조화롭게 작동해야 한다. 마지막으로 관련 고객 가치 제안을 개발하기 위해 넘어야 할 정교함 격차와 관련된 역할에 대해 구체적으로 논의할 때이다. 의무와 권리에 동의하기 위해 그림 9.4에서 제공한 템플릿을 사용하여라.

### 자원

재정적, 물리적 또는 인적 자원이 될 수 있다. 앞서 더 많은 마케팅 지출이 중요한지, 더 많은 영업직원을 두는 것이 더 나은지 이견과 긴장이 있을 수 있음을 확인했다. 더 많은 리소스에 대한 요청을 공동으로 공유하기 위한 메커니즘을 개발하는 것은 어렵지만 상호 간 접근하기에 좋은 작업이다.

고객에게 제공하기 위해 마케팅과 세일즈가 함께 수행해야 하는 작업에 대한 공동의 이해가 여기에서 발생한다. 이는 템플릿을 활용해 쉽게 수행할 수 있는 작업이 아니기 때문에 퍼실리테이션에 의한 워크숍이 도움이 될 수 있다.

## 정보 및 대화 흐름

여기에서 좋은 것은 마케팅 및 세일즈 대화가 고객 가치에 의해 지배된다는 것이다. 세일즈는 자신이 참석한 수백 건의 고객 미팅으로부터 얻은 정보를 제공한다. 마케팅은 보다 공식적인 시장조사 결과를 추가한다. 그런 다음 마케팅은 정보를 구매자 페르소나, 커뮤니케이션, 제품 및 가치 제안을 재구성하는 데 사용한다. 정보를 세일즈팀에 제공하는 것은 역할 정렬의 관점에서 의무이자 권리이다. 고객 정렬 지도 설문지는 고객-세일즈-마케팅 간 정보 흐름을 이해하도록 도와야 한다.

다음으로 유용한 단계는 현재 상황을 기록하고 이상적인 상태와 비교하는 것이다. 현재와 이상 사이의 격차를 해소하는 일련의 작업이 진행되어야 한다. 마케팅은 비공식적으로 세일즈 부서에 경쟁사 정보를 요청할 수 있다. 경쟁사는 이미 시행하고 있지만 우리 내부에서는 여러 가지 이유로 꺼렸던 일일 수도 있다. 소통이 더 체계적으로 자주 수행되는 수준이 되면 이와 같은 정렬 활동은 전체 조직에 큰 도움이 될 수 있다.

## 프로세스

효과적인 정렬을 위해 개발해야 하는 상위 5개 프로세스에 동의하는 것은 훌륭한 출발점이 될 수 있다. 이 작업이 완료되면 프로세스를 명확한 역할과 책임으로 매핑할 수 있다. 우리는 앞서 캠페인 프로세스에서 리드를 세일즈팀으로 전달하는 명확한 프로세스와 함께 좋은 리드를 만드는 요소에 대한 명확한 정의를 갖는 것이 필요하다는 것을 언급했다.

세일즈팀은 마케팅팀으로부터 좋은 리드를 기대할 수 있는 권리를 가지며 한편 마케팅에서 전달된 리드에 대해 정해진 기간 내에 후속 조치를 취해야 하는 의무를 갖는다.

## 성공 평가

성공의 모습을 정의하면 전략적 목표를 설정하고 마케팅 및 세일즈팀 모두 적용하는 데 도움이 된다. 성과 측정은 보상과 같은 방향으로 이루어져야 한다. 이때 판매 스코어카드가 빨간색이고 마케팅 스코어카드가 녹색인 상황이 발생하지 않도록 해야 한다. 전략적 목표가 일치하면 이와 같은 일은 벌어지지 않는다.

한편, 모든 전략적 목표가 친환경에 대한 것이라면 마케팅 및 세일즈 직원들이 친환경 활동에 대한 이점을 느낄 수 있도록 보상하는 메커니즘이 있어야 한다.

## 마지막으로 가치학를 위한 정렬

우리는 의도적으로 문화와 세계관을 피할 수 없다. 이것은 완전히 다른 논의로서 가치가 있다. 기업이 가진 복잡한 가치와 신념을 특정 용어로 표현하는 것도 문화라고 할 수 있다. 이것은 마케팅 및 세일즈팀에서 지속적인 토론의 원천이 되어야 한다. 여기에서 우리는 '고객 가치의 잠금 해제' 접근 방식에 속하는 실용적인 단계를 제안한다.

처음 두 단계는 언어와 관련이 있다.

## 가치학을 위한 정렬

### 1단계와 2단계: 언어에 주의하라

처음 두 장은 가치와 가치 제안에 전념했다. 우리는 이것이 매우 논쟁의 여지가 있는 단어임을 보여주었다. 주요 정렬 문제로 GRRIPS에 도달하면 가장 먼저 해야 할 일은 가치 및 가치 제안에 대해 사용하고 공유할 정의에 동의하는 것이다.

가치의 정의 = 인지된 혜택 - 총 소유 비용

조직에서 통용될 만한 가치의 정의를 토론하고 정의하기 위해 마케팅과 세일즈팀의 키맨을 데리고 오라. 일부 고객 관련 정보는 여기에서도 유용할 수 있다. 당신이 현재 있는 곳에서도 가치 제안에 대해 동일한 작업을 수행할 수 있다. 우리는 2장과 마찬가지로 가치 제안을 정의하기 위한 동일한 템플릿을 제시한다.

### 3단계: 사회적 환경에서 가치를 개발할 수 있도록 마케팅팀은 세일즈팀에 무엇을 제공해야 하는가?

3장에서 우리는 고객과 세일즈 직원이 관련된 사회적 환경에서 가치를 개발하기 위한 연구를 강조했다.

세일즈 직원이 이러한 환경에서 살아남으려면 마케팅에서 제공할 수 있는 것이 무엇인지 명확히 알아야 한다. 또한 마케팅은 세일즈가 사회적 가치에 집중하는 데 어떠한 도움을 줄 수 있을지 명확히 해야 한다. 당신이 마케터라면 왜 영업사원들에게 묻지 않는가?

분명한 것은 세일즈 직원들이 자신들은 사용하지도 않는 마케팅 콘텐츠로 인해 폭격당하고 있다는 것이다. 종종 마케팅으로부터 받은 것들이 실제 세일즈 활동에 적합하지 않기 때문에 받은 것을 다시 수정하는 데 시간을 보낸다. 최근 몇 주 동안 우리는 대조되는 대화들을 나눴다. 글로벌 IT 회사의 마케팅 책임자는 세일즈를 위해 제공하는 자료의 목록을 우리에게 주었다. 어떤 것이 가장 유용하다고 생각하는지 물었을 때 우리는 세일즈팀에게 물어보라고 답했다. 다른 글로벌 조직의 마케팅 담당 부사장은 세일즈 담당자가 중요하게 생각하는 2~3가지 핵심 결과에 집중했다.

우리는 세일즈팀이 다음을 원할 것으로 기대한다.

- 전반적인 회사 가치 제안에 대한 명확한 관점. 고객 가치에 중점을 둔 것이다.
- 대화를 이어가는 핵심 가치 테마
- 고객이 직면한 문제에 대한 몇 가지 통찰력
- 자사와 경쟁업체의 주요 차이점
- 이전에 수행한 사례 연구

세일즈팀이 이러한 명확성을 가지고 있다면 고객이 자신들의 가치를 추구하기 위해 압박을 하더라도 허둥대지 않을 것이다.

### 4단계: 시장 및 고객 이해도 제고

정보 흐름과 관련하여 앞서 제안한 템플릿이 도움이 될 수 있다. 마케팅은 고객이 당면한 주요 이슈를 이해하고 핵심 제안 테마를 발굴하기 위해 제안 체계의 맨 아래에 있는 작업을 할 필요가 있다. 판매 체계 상단으로 갈수록 세일즈팀에 의한 정보의 필요성이 강해진다. 세일즈 담당자는 금융 서비스와 같은 특정 산업 분야를 몇 년간 담당하는데 이 정보는 산업별 가치를 형성하는데 중요한 열쇠가 될 것이다.

우리는 이전 연구에서 세일즈 직원의 대화가 고객을 향한 대화로 이동함에 따라 마케팅에서 얻는 것이 '너무 일반적'인 내용임을 자주 확인했다. 세일즈는 마케팅에서 제공하는 양질의 정보를 기반으로 관련성 있고 공감가는 자료를 만드는 데 중요한 역할을 해야 한다. 세일즈 직원이 체계의 맨 아래에 관련된 경우 판매에 더 반향을 일으킬 가능성이 높다.

이는 정보에 대한 역할 및 프로세스의 명확성과 함께 진행된다. 그림 9.5에서 템플릿을 완성하는 일은 경쟁자보다 앞서 고객을 기록할 수 있는 플랫폼을 제공하는 데 도움이 될 것이다.

## 5단계: 캠페인 정렬

우리는 이미 7장에서 캠페인 정렬의 필요성에 대해 언급했다. 요약하자면 다음 사항에 대한 정렬이 필요하다.

**언어: 캠페인은 무엇을 의미하는가?**

이것은 다른 마케팅 멤버 간뿐만 아니라 세일즈 부서에도 문제가 될 수 있다. 정의에 도달하기 위해 우리의 철학에 대해 다시 생각해보는 것은 아마도 가치있는 일이 될 것이다. 고객의 신발에 우리 자신을 집어넣고 시작해보자.

다수의 제품을 취급하는 조직의 고객은 당신이 개인적인 문제에 관해 이야기하려고 할 때마다 점차 캠페인을 거부하려 할 것이다. 이것은 BT에서 우리가 마주했던 일이며 또 글로벌 기업의 세일즈 수석 부사장이 어제 개탄했던 내용이기도 하다. 당신은 수백 종의 제품으로부터 하나 혹은 둘의 캠페인을 선택해 진행할 수 있다. 새로운 세계에서 고객은 메시지 폭격을 받지 않고 그들이 받은 모든 콘텐츠는 상호 연관이 된다. 예를 들어 민첩성, 성장 또는 생산성 등으로 결국, 테마는 고객에 대한 연구로부터 만들어진다.

### 목표와 역할: 다시!

GRRIPS 정렬 프레임워크의 초기부터 검토하라. 전체 전략 목표로 집계되는 개별 캠페인 수준의 목표에 동의하려면 재검토가 필요하다. 공동 수익, 판매 및 고객 만족을 합의하기 전에 전반적인 캠페인 목표에 합의하는 것이 필수적이다. 캠페인 목표가 마케팅 및 세일즈에 대한 급여 및 보상 계획을 반영하고 있는지 확인하라. 그렇지 않으면 부서 간 정렬을 위해 힘든 싸움을 벌이게 될 것이다.

캠페인 시작, 교육 및 코칭과 관련하여 마케팅과 세일즈 간의 명확한 역할에 대해 동의하라. 조직이 캠페인을 시작하기 위해 마케팅과 세일즈가 함께 하는 것을 본다면 구매력이 획기적으로 향상될 것이다.

리드 전달 및 후속 조치에 대한 프로세스에 동의하기 전에 좋은 리드가 어떤 모습인지 명확하게 정의하라. 성공 척도가 무엇인지, 무엇을 보고할지, 어떻게 보고할지에 대해 동의했는지 확인하라. 우리는 많은 캠페인이 과도한 판매량 예측 때문에 실패하는 것을 보았다.

## 6단계: 어카운트 기반 마케팅을 위한 정렬

우리는 8장에서 이 합리적으로 새로운 현상을 탐구했다.

ABM 도구를 독점적으로 제공하는 조직은 정렬이 개선되고 판매가 증가했다고 말한다. ABM 프로그램에 참여하기 전에 GRRIPS 기초 작업이 이미 이루어졌다면 도움이 될 것이라고 생각한다.

'고객 가치의 잠금 해제'를 효과적으로 실행하기 위해 만든 모든 권장 사항은 ABM에 적용된다. 마케팅 및 세일즈 목표와 역할은 하나 또는 몇 개의 어카운트를 처리함에 따라 더욱 세분화된다. 당신이 영향을 미치는 중요한 고객일 가능성이 높기 때문에 후속 조치에 대한 명확성을 확보하는 것이 더 중요하다.

### 간단해 보이지만 쉽지는 않다

고객 요구에 따른 마케팅 및 세일즈 정렬과 관련된 몇 가지 큰 문제를 도출했기를 바란다. 모든 관계가 그렇듯이 관계를 키우고 발전시키는 것은 간단해 보이지만 쉽지는 않다. 이 과정을 잘 따라왔다면 이제 당신을 '천국으로 가는 계단'으로 인도해줄 정렬 개선 계획을 갖게 될 것이다. 고객에 대해 명확히 이해하여 고객과 당신의 비즈니스 모두의 성장을 견인할 가치 제안이 만들어질 것이다.

# 제10장 응집력은 새로운 차별화 요소이다: 준비되었는가?

축하한다. 당신은 우리 책의 거의 끝부분에 도착했다. 지금까지의 여정을 즐겼기를 바라며, 보다 중요한 것은 당신의 조직에서 고객 가치 접근을 시작했다는 점이다. 즉, 응집력이 새로운 차별화 요소이자 경쟁 우위의 새로운 포인트다.

응집력은 단결을 만들거나 서로 붙어 있는 상태이다. 이 책은 고객의 가치를 응집하고 마케팅 및 세일즈팀을 통해 그 응집력을 유지하는 내용을 다루고 있다. 여기에서 핵심은 당신의 제품이 아니라 고객이 느끼는 가치이다. 당신과 당신의 회사는 고객이 가치를 느끼고 비즈니스 목적을 달성하기 위해 가이드하고 문을 열어주는 역할을 담당한다. 대화는 고객에게 어떠한 솔루션을 제공할 것인가에 대한 것이며 여기에서 고객 가치 테마가 가장 강력한 플랫폼이 된다. 옴니채널 시대에 온라인과 오프라인 전략의 혼합을 통해 응집력을 달성할 수 있다. 고객을 위한 중요한 질문에 답을 찾으면서 당신의 회사가 얼마나 고객의 가치를 잘 이해하고 도울 수 있는지 능력을 입증할 수 있다. 조직의 관점에서 응집력은 고객 여정의 각 단계에 따라 마케팅과 세일즈가 연합하여 적절한 가치를 전달하는 것이다.

9장에서 정렬 테스트를 위한 몇 가지 도구를 제공했다. 목표는 조직을 응집력이 높은 상태로 만드는 것이다. 이 상태에서는 고객과 마케팅 및 세일즈팀 사이에 큰 상호작용이 존재한다. 이를 통해 고객 가치를 이해하고 매력적인 가치 제안을 개발하기 위한 훌륭한 프로세스를 갖추게 될 것이다. 결정적으로 세일즈팀이 고객과 나누는 일상적인 대화를 이해하고 시장에서 들은 내용을 기반으로 접근 방식을 변경해야 할 수도 있다. 우리는 바르고와 러시가 제안한 서비스 논리에 동의한다. 가치는 고객이 솔루션을 '사용 중'일 때만 진정으로 경험된다.

우리는 이것을 설명하기 위한 매우 간단한 모델을 가지고 있으며 이것을 응집 루프라고 한다(그림 10.1). 이는 비전, 사명, 전략 및 가치 제안이 마케팅팀에서 나왔을지라도 고객과의 대화가 시작될 때까지 실제로 아무 일도 일어나지 않은 것과 마찬가지임을 의미한다. 마케팅은 고객과 세일즈를 참여시켜 고객을 끌어들이는 데 도움이 될 것이다. 이 작업을 수행했다면 가치 제안을 시장에 다시 내놓을 때 세일즈팀으로부터 더 나은 동의를 얻을 수 있다. 고객은 자신이 중요하다고 말한 가치를 기반으로

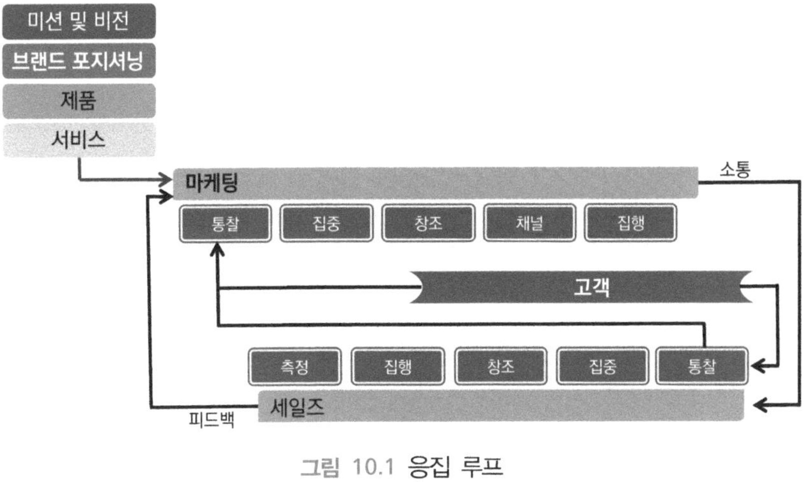


그림 10.1 응집 루프

제안이 만들어졌기 때문에 가치를 받아들여야 한다. 이 모델은 고객, 세일즈 담당자 및 서비스 담당자에게서 받은 현장의 피드백을 이용한 연속 루프이다.

크리스 아르기리스는 많은 기업이 외부 환경에서 오류를 식별하고 수정하는 데 집중하는 단일 루프 학습자라고 말했다. 이것은 가격대를 고정하고, 채널을 결정하고, 새로운 브랜드 아이덴티티를 만들고, 다른 부서의 작업 방식을 변경할 수 있다. 그러나 조직은 자신을 솔직하게 살펴보고 자기 생각과 행동, 그리고 그것이 성과에 미치는 영향에 대해 비판적으로 성찰하는 이중 루프 학습자가 되어야 한다. 아르기리스는 다음과 같이 말한다.

> 단일 루프 전략이 잘못될 때마다 사람들은 비판을 걸러내고
> 자신 이외의 다른 사람에게 책임을 전가한다.

우리는 응집력 루프가 이중 루프 학습의 원칙을 따르고 있다고 생각한다. 사실 연속적인 학습을 위한 통합 시스템을 만들어 이를 넘어선다고 말할 수 있다. 이것을 선순환을 중심으로 움직이는 영구적 학습 사이클이라고 부를 수도 있다.

우리는 미성숙 상태의 단일 루프에서 고객, 세일즈 및 마케팅 간의 대화의 일부 유사성이 존재한다는 걸 인정한다. 그래서 정렬 측정기를 내포한 질문을 고려했다. 대화가 전략적이지만 전술이 없을 경우 '천국으로 가는 고속도로'에 착륙해 있을 따름이다. 만약 당신의 대화가 작동하지 않는 마케팅 전술일 뿐이라면 리드를 진전시키기 위한 세일즈도 진행되지 않고 더 많은 마케팅 이벤트에 대한 니즈가 생겨난다. 당신은 물러서지 않은 상황에서 더블 루프 학습이 이루어진다.

우리는 자신의 퍼포먼스를 깎아내리는 것이 아닌 선순환 학습 사이클

로서 응집 루프를 이해한다.

응집적 이점을 개발하는 중이라면 시장과 거시적 환경에 대해 끊임없이 학습할 수 있는 메커니즘을 갖게 될 것이다. 이를 통해 시장에서 기술의 변화를 알아차리지 못하는 문제점을 방지할 수 있다. 이는 고객 가치를 창출하는 새로운 방법을 찾을 수 있다는 것을 의미한다.

지금까지 살펴본 바와 같이 마케팅과 세일즈는 자원과 관리상의 이유로 대기업에서 두 가지 기능으로 존재한다. 즉, 같은 회사나 브랜드에서 일하더라도 종종 세상을 다르게 보고 다르게 생각할 수 있다.

세일즈와 마케팅은 서로 관련이 있지만 반드시 일치하는 것은 아니다.

이것은 그들이 서로를 별개의 실체로 여기고, 한 파트가 다른 파트를 '외부'로 취급한다는 것을 의미한다. 판매 그래프가 하락할 때 세일즈팀은 종종 마케팅팀을 문제로 보고, 마케팅팀은 세일즈팀을 문제로 본다. 이것은 아르기리스가 단일 루프 방식이라고 부르는 방식으로 생각하고 있다. 각 기능은 정렬 문제에 대한 해결 방법을 자신의 뒷마당이 아닌 다른 곳에서 찾는다.

**연습 10.1 : 그렇다면 우리의 가치 제안 성숙도 모델에서 당신은 어디에 있다고 생각하는가? 이것을 동료들과 논의하라.**

이 책을 처음 펼쳤을 때부터 행동을 취했다면 어디서 시작했고 현재 어디에 있는지 생각해 보는 것이 흥미로울 것이다.

| | | | | | |
|---|---|---|---|---|---|
| 높다 | 단일 가치 관점 | 인지된 가치 인지도 | 상대적 가치 인지도 | 실험적 가치 인지도 | 다이내믹 가치 인지도 |
| | 고정된 | 다양성 | 연결된 | 특이한 | 정렬된 |
| | 공급자에 의해 사전 정의 | 고객 선택 요인에 응답 | 본질적 고객 가치 드러내기 | 고객과 공동 가치 창출 | 균형된 이해관계자 가치 |
| 성숙도 | 혜택 강요 | 고객 목소리 캡쳐 | 고객과 신뢰 및 관계 형성 | 고객의 세계 재구성 | 제안테마 형성 및 기법 이용 |
| | 사일로 | 기능 | 관계 | 연결 | 응집력 |
| | 강요자 | 탐색 | 컨설턴트 | 특별한 친구 | 오케스트라 |
| 낮다 | 가치 추가 | | | | 가치 균형 |

그림 10.2 가치 제안 성숙도 모델

가장 왼쪽에 위치한 '강요자' 조직은 질 콘라스에 의해 '제품 강매자'로 불렸으나 우리는 부정적인 의미를 담아 '강요자'로 부르고자 한다. 이런 회사들은 자신도 모르는 고객에게 제품을 '밀어내기' 한다. 당신이 이스탄불의 블루 모스크 밖에서 가짜 향수를 파는 사람이라면 OK이다. 고객을 다시 볼 일이 없기 때문이다. 그러나 B2B 비즈니스 관계에서 지속적인 거래 관계를 원한다면 그렇게 해서는 안 된다. 당신이 고객을 눈속임하려 들면 고객은 다음 번에 복수하려 들 것이다.

스펙트럼의 맨 오른쪽에 있는 희귀한 사례에 속한다면 '가치 지휘자'이다.

여기에서 당신의 조직은 우리의 결속 모델과 관련하여 '하늘로 가는 고속도로' 상자에 있다. 당신은 고객, 세일즈 및 마케팅 사이에 훌륭한 조화를 이루고 있다. 고객은 당신을 비즈니스 가치를 실현하는 데 도움이 되는 새로운 방법을 사전에 제안하는 조직으로 간주한다. 당신은 그들의 가치학을 이해하고, 분명히 하고, 실현하도록 돕는 결과로 많은 솔루션을 판매하게 된다.

러시와 웹스터의 다음 설명에 포함된 단계를 거쳐 스펙트럼의 맨 오른쪽에 도달할 수 있다.

전략 수립은 본질적으로 네트워크로 연결된 회사의 역량과 능력을 고객의 요구 및 선호도와 일치시키고 경쟁자의 가치 제안에 의해 충족되지 않은 잠재 고객 수요를 식별하는 프로세스이다.

그들은 나쁜 잠재 고객은 회사의 자원과 능력을 소중히 여기지 않고 공급자와 상호작용에서 자원이나 서비스를 제공하기를 꺼리는 사람들이라고 말한다. 이는 고객 숭배가 아닌 고객 가치를 최선으로 보는 이유를 설명하는 데 도움이 된다. 앞서 고객과 회사 모두에게 수익성을 높이는 데 도움이 되는 상호 가치가 있어야 한다고 설명했다. 사실 나쁜 고객을 버리기 위해 스펙트럼의 맨 오른쪽에 있을 필요는 없다. 우리는 이 여정을 막 시작하려는 공급자와 이야기를 나누었다. 그는 가격 인하를 무리하게 요구하고, 상대하기 어렵고, 아무것도 돌려주지 않는 고객에 대해 이야기했다. 그렇다면 이런 고객에게 왜 신경을 쓰는가?

## 누구나 알고 있지만 말하기 꺼리는 주제

우리는 가치가 분석되고 정량화하는 것이 순전히 객관적인 것이 아님을 보았다. 또한 사람들이 가치의 의미를 다양한 방식으로 해석하고 가치를 언급할 때 주관적으로 해석한다는 것을 알고 있다. 그러므로 세일즈와 마케팅 관행은 객관적이고 주관적인 가치론의 혼합임은 분명하다.

세일즈 및 마케팅 전문가의 능력은 객관성과 주관성의 균형을 성공적으로 정렬하고 조정하는 능력이다.

그럼에도 불구하고 객관적인 것이 비즈니스 효율의 핵심 기준으로 여겨진다. 합리적이고 객관적인 방법으로 행동하면 냉정하고, 날카롭고, 계산적인 것으로 간주한다. 흥미로운 점은, 당신이 세일즈 및 마케팅 전문가들과 오프 더 레코드로 대화할 때 경쟁사 대비 자신만의 주관적인 차별점에 대해 들을 수 있다는 점이다.

> 가치 제안은 당신이 제공할 수 있는 가치와
> 당신이 제공하는 것의 비용 간의 차이이다.

우리는 세일즈 직원이 고객에 관한 가치를 명확히 표현하는 데 어려움을 겪고 있음을 확인했다. 큐비디안의 연구에 따르면 거래의 58%는 세일즈 직원이 가치를 효과적으로 제시하지 않았기 때문에 '결정하지 않음'으로 종료된다.

우리가 가치학에서 제시한 것은 '가치 지휘자'가 될 수 있는 지점으로 이동하는 데 도움이 되는 프로세스 및 도구 집합이다. 이 프로세스 전반에 걸쳐 필요한 다양한 기술 목록이 있다.

- 시장 및 고객에 대한 데이터를 분석할 수 있는 좌뇌 분석 기술
- 프로세스 초기에 시작하여 이전에는 볼 수 없었던 고객 가치를 발굴하는 우뇌의 창의성
- 소프트 스킬: 세일즈 및 고위 경영진으로부터 이해관계자의 동의를 얻는 능력, 협상 기술, 탄력성 등.

### 마지막으로 ...이것은 선택이 아닌 필수다

고객 가치 기반 접근 방식을 향한 여정을 시작한 후 그 즐거움과 혜택을 누리길 바란다. 고객 가치를 이해하지 못하는 조직은 관심을 끌지 못한다. 사실 고객 중 94%는 관련 없는 쓰레기 정보를 받았기 때문에 당신과 같은 조직과 관계를 끊었다. 콘텐츠에 지출하는 돈의 94%를 낭비하고

하루아침에 고객을 잃는 것이다.

응집력은 새로운 차별화 요소이다. 응집 이점은 새로운 경쟁 우위이다. 마케팅 및 세일즈팀을 고객과 일치시키고 고객이 무엇을 중요하게 여기는지 알 수 있다면 앞서게 될 것이다. 고객의 문제를 이해하고 고객에게 가치를 제공한다는 점을 보여줄 수 있는 콘텐츠가 필요하다.

지금 이렇게 하지 않으면 당신은 고객에게 소음을 주는 행위를 하는 것과 마찬가지다. 고객과 공감하기 위해 양지바른 곳으로 걸어가라. 고객과의 가치 관련성 버튼이 눌러지면 고객의 91%는 당신을 위한 작업을 수행할 것이다.

고객 가치 창조의 원리

# 가치학 Value-Ology

2022년 10월 15일 | 1판 1쇄 인쇄
2022년 10월 22일 | 1판 1쇄 발행

지 은 이 | Simon Kelly, Paul Johnston, Stacey Danheiser
옮 긴 이 | 김상현, 정언용, 김진환
발 행 인 | 김은중
발 행 처 | 서울경제경영출판사
북 디 자 인 | (주)우일미디어디지텍

주 소 | 03767 서울특별시 서대문구 신촌로 205, 506호
전 화 | 02)313-2682
팩 스 | 02)313-8860

등 록 | 1998년 1월 22일 제5-63호

ISBN : 979-11-6282-112-1 (93320) 정가 22,000원

※ 잘못된 책은 바꾸어 드립니다.